RABELAIS

ÉDITION SPÉCIALE POUR LA FRANCE.

COLLECTION SCHNÉE.

BRUXELLES. — TYP. DE Ve J. VAN BUGGENHOUDT,
Rue de Schaerbeek, 12.

P. L. JACOB

— BIBLIOPHILE. —

RABELAIS

SA VIE

ET SES OUVRAGES.

PARIS

ADOLPHE DELAHAYS, LIBRAIRE-ÉDITEUR

4-6, RUE VOLTAIRE, 4-6

—

1859

L'auteur du *Pantagruel* n'aurait pas manqué de biographes, si les éléments de sa biographie n'eussent fait défaut à ses plus doctes admirateurs. Ainsi, Le Duchat, qui consacra plusieurs années à composer un commentaire philologique sur les Œuvres de Rabelais (1), déjà commentées par l'étymologiste Ménage et par le médecin-voyageur

(1) La première édition du Rabelais de Le Duchat parut à Amsterdam, Henri Bordesius, 1711, 6 vol. in-8. La dernière et la plus estimée, sinon la meilleure, est celle de 1741, en 3 vol. in-4, publiée par Jean-Frédéric Bernard, à Amsterdam, avec belles gravures de Bernard Picart.

Bernier (1), ne trouva point assez de documents
authentiques et nouveaux, relatifs à son auteur
favori, pour refaire et augmenter la courte notice
que les frères Scévole de Sainte-Marthe avaient
placée en tête de leur édition des *Lettres* de François Rabelais. Les contemporains de cet illustre
écrivain ne paraissent s'être occupés que de ses
ouvrages; car ils ne nous ont presque rien transmis sur l'histoire de sa vie; et, malgré les minu-
tieuses recherches d'Antoine Le Roy, prêtre et
licencié en droit. qui décerna une espèce de culte
à la mémoire de Rabelais et qui consacra un volume in-folio au panégyrique du bon curé de Meudon (2), on ne sait pas même avec certitude
l'année de sa naissance et celle de sa mort.

(1) Il n'existe du commentaire de Ménage, que quelques fragments insérés dans son *Dictionnaire étymolo-
gique* et dans le *Menagiana*, ainsi que dans la préface
du livre de Jean Bernier, intitulé : *Jugement et nouvelles observations sur les œuvres grecques, latines,
toscanes et françoises, de maistre François Rabelais,
ou le Véritable Rabelais réformé.* Paris, d'Houry, 1687,
in-12.

(2) Le manuscrit d'Antoine Le Roy, conservé à la
Bibliothèque impériale, sous le n° 8704, est intitulé :
Elogia Rabelæsina. On y trouve des renseignements
curieux, recueillis à Meudon même, cinquante ou
soixante ans après la mort de Rabelais; mais on a peine

, François Rabelais naquit à Chinon, en Touraine, vers 1483 (1), selon la plupart des biographies anciennes et modernes. Son père tenait l'hôtellerie de la Lamproie (2) et possédait sans doute une petite fortune, puisque cette hôtellerie était une grande maison à plusieurs corps de logis, avec cours, jardins et dépendances, qui restèrent à peu près dans le même état et sous l'enseigne de la Lamproie jusqu'à la fin du xviiᵉ siècle. L'hôtelier avait, en outre, à une lieue de Chinon, une métairie, dite *la Devinière*, renommée dans le pays à

à les découvrir au milieu d'une verbeuse polémique, dans laquelle Antoine Le Roy s'efforce de prouver que Rabelais était non-seulement un savant, un philosophe, un poëte, un homme de génie enfin, mais encore un bon chrétien et un bon ecclésiastique ! Ce volumineux panégyrique ne sera sans doute jamais publié. Le même auteur avait donné lui-même un extrait de son grand ouvrage dans la préface d'un livre tout-à-fait étranger à Rabelais : *Floretum philosophicum seu Ludus Meudonianus in terminos totius philosophiæ*, Parisiis, ap. J Dedin, 1649, in-4.

(1) Cette date n'est établie par aucune preuve ni justifiée par aucune discussion. Je croirais volontiers que la naissance de Rabelais fut postérieure à l'année 1483.

(2) Quelques auteurs ont prétendu que le père de Rabelais était apothicaire, mais sans fournir aucune preuve à l'appui de cette assertion.

cause du bon vin blanc (*pineau*) qu'elle produisait,
et que Rabelais a vanté dans ses écrits, comme
Horace célébrait en poëte les vignobles de sa maison de campagne de Tibur. La tradition fait naître
Rabelais dans cette métairie, voisine de l'abbaye
de Seuillé.

Ce fut en cette abbaye de bénédictins, que Rabelais commença son éducation monacale. Il y
apprit probablement quelles doivent être les qua-
lités d'un *vrai moine, depuis que le monde moi-
nant moina de moinerie*. Les premiers rudiments
de son éducation consistèrent à entendre les cloches du monastère, les *beaux prêchants* et les
beaux répons des religieux, à voir de belles processions et à ne rien faire, en passant le temps
*comme les petits enfants du pays, c'est à savoir
à boire, manger et dormir, à manger, dormir et
boire, à dormir, boire et manger*. On croit qu'il
a emprunté aux souvenirs de son enfance le type du
moine émérite, qui, sous le sobriquet de *frère Jean
des Entommeures*, figure si joyeusement dans les
Chroniques de *Gargantua* et de *Pantagruel*. C'é-
tait, dit-on, un nommé Buinart, qui devint prieur
de Sermaise, après avoir été, du temps de Rabelais, simple moine à l'abbaye de Seuillé (1).

Rabelais alla continuer ses études au couvent

(1) Antoine Couillard, sieur du Pavillon, contempo-

de la Basmette, fondé par Réné d'Anjou à un quart
de lieue d'Angers, et bâti à l'entrée d'une grotte,
sur le penchant d'une montagne, de même que la
Sainte-Baume en Provence (1). Dès qu'il fut en âge

rain de Rabelais, dans une pièce de vers adressée à ce
Buinart, en tête des *Contredits des prophéties de Nostradamus* :

> Quand Rabelais t'appeloit moine,
> C'estoit sans queue et sans dorure ;
> Tu n'estois prieur ni chanoine,
> Mais frère Jean de l'Entamure.

(1) Le séjour que fit Rabelais à l'abbaye de Seuillé
et au couvent de la Basmette a été constaté pour la
première fois, d'après la tradition, par Chalmel, dans
son *Histoire de Touraine*. M. Leclerc, d'Angers, a bien
voulu nous envoyer cette note manuscrite de son oncle, le savant oratorien, Toussaint Grille, ancien bibliothécaire de sa ville natale : « On sait que Rabelais,
étant cordelier, habita quelque temps la Basmette, et
qu'on montrait encore, dans ce couvent, avant la Ré-
volution, la chambre qu'il avait occupée. » Plusieurs
historiens angevins disent que Rabelais vint à Angers
continuer ses études ; qu'il y fit peu de progrès, mais
qu'il eut alors l'avantage de se lier avec les frères Du
Bellay, qui étaient ses condisciples. M. Leclerc, après
avoir examiné très-judicieusement ces divers témoi-
gnages historiques, en arrive à conclure que Rabelais,
ayant commencé ses études au couvent de Seuillé, dut

de faire un noviciat, il entra au couvent de Fontenay-le-Comte en Poitou, de l'ordre de Saint-François, et il passa successivement par tous les degrés du sacerdoce jusqu'à la prêtrise, qu'il reçut
vers 1511 (1). Son double caractère de prêtre et
de cordelier ne l'empêcha pas de se livrer à des
études profanes et d'acquérir beaucoup plus d'in-
struction que les moines mendiants ne devaient en
avoir, suivant l'esprit de leur règle. Il se perfec-
tionna surtout dans la langue grecque, qui était
encore peu répandue en France. Il approfondit
aussi la littérature ancienne, et se forma de toutes
pièces une érudition immense à l'aide de sa prodigieuse mémoire. Plus il augmentait la somme de
ses connaissances, plus il prenait en pitié l'ignorance crasse et invariable de ses compagnons de
cloître. Ceux-ci ne le voyaient pas de bon œil faire
honte à leur paresse par son ardeur au travail, et
surtout se passionner pour le grec, qui leur semblait un grimoire quasi hérétique.

Il n'avait trouvé, parmi les moines de Fontenay-
le-Comte, que deux intelligences capables de com-

les terminer à l'université d'Angers, et non au couvent
de la Basmette.

(1) Cette date très-incertaine est indiquée dans le
Trésor chronologique et historique (1642, in-fol.) du
P. Pierre de Saint Romuald (Guillebaud).

prendre la sienne : Antoine Ardillon, qui fut depuis
abbé de ce même couvent, après avoir été prieur
de Légugé, et dont le nom est attaché à la dédicace
de plusieurs ouvrages de Jean Bouchet ; Pierre
Amy, qui disputait à Rabelais l'honneur de cor-
respondre en grec avec Guillaume Budé. On peut
présumer que la rencontre de Budé et de Rabelais
eut lieu à Tours, où le savant helléniste, en sa qualité de secrétaire du roi, chargé de missions diplomatiques auprès des princes étrangers, était obligé
de passer et de s'arrêter quelquefois, lorsqu'il
allait voir le roi à Blois et à Amboise. Budé, dont
la vie politique n'avait jamais interrompu les études
littéraires, arrivait à la cour de François Ier, un livre
grec à la main. Ce livre qu'il portait sans cesse
avec lui fut peut-être l'intermédiaire de sa connaissance avec Rabelais. Celui-ci, qui n'était pas *vrai
moine*, et qui faisait à contre-cœur la quête pour
son couvent, venait s'asseoir en habit de cordelier
au foyer de l'hôtellerie de la Lamproie, tenue par
son père ou son oncle, et même, à certains jours, il
se reposait des ennuis de la clôture monacale dans
son clos de la Devinière. Rabelais et Budé furent
attirés naturellement l'un vers l'autre par leurs
goûts et leurs travaux. On parla d'abord latin, ensuite on parla grec, et voilà deux cœurs de savants
qui s'entendent. Budé avait déjà fait paraître son
fameux traité *de Asse* ; il était en relations avec

tout ce qu'il y avait d'éminent et d'illustre dans les
lettres et les sciences. Rabelais, enfoui obscuré-
ment dans un couvent de frères-mineurs, n'avait
encore montré à personne la culture et les ornements
de son esprit. L'amour du grec établit aussitôt des
liens intimes entre l'ambassadeur du roi et le moine
franciscain.

C'est que Guillaume Budé, élève de Lascaris,
aimait le grec avec une espèce de fureur, à cette
époque où l'on ne comptait pas en France cent
personnes capables de lire l'Iliade ; il s'efforçait de
répandre, de populariser l'hellénisme, malgré les
incroyables préjugés qui faisaient condamner la
langue grecque, sans l'entendre, comme une source
d'hérésie. Luther ne savait pourtant pas le grec,
mais on avait fait du mot *gréciser* le pseudonyme
de *luthéraniser*. Budé ne donna pas à Rabelais les
premières leçons de grec ; il lui prêtait seulement
des livres grecs que celui-ci emporta en cachette dans
son couvent. Dès lors une correspondance littéraire commença entre eux ; cette correspondance,
à laquelle prenait part Pierre Amy, le confrère
bien-aimé de Rabelais, n'était, il faut l'avouer,
qu'une verbeuse et obscure phraséologie latine ;
elle s'entremêla de grec, sans devenir plus inté-
ressante, et elle ne tarda pas à se faire grecque
exclusivement. Les lettres de Rabelais sont perdues,
mais celles de Budé ont été précieusement recueil-

lies, en dépit de leur prolixité vide et insignifiante. Elles ne portent pas de dates ; on peut leur en supposer une d'après celle de la première édition publiée à Paris chez Badius Ascensius en 1521.

Les littératures grecque, latine et française, donnèrent à Rabelais plusieurs autres amis, avec lesquels il se consolait d'être moine. C'était André Tiraqueau, lieutenant général au bailliage de Fontenay-le-Comte, *le bon, le docte, le sage, le tant humain, tant débonnaire et équitable Tiraqueau*, comme il l'appelle dans le prologue du quatrième livre du *Pantagruel;* c'était Jean Bouchet, procureur à Poitiers, un des poëtes les plus féconds et les plus bizarres de son temps; c'était encore Geoffroi d'Estissac, prieur de Légugé, qu'il avait connu au couvent de la Basmette, ainsi que les frères Du Bellay, qui ne l'oublièrent point en s'élevant aux plus hautes dignités de l'État et de l'Église.

Les relations toutes littéraires que Rabelais entretenait avec des séculiers achevèrent d'envenimer la jalousie des religieux de Fontenay-le-Comte, qui le querellaient sans cesse sur son goût pour les sciences profanes. La persécution éclata par une enquête qui se fit un jour dans sa cellule et dans celle de Pierre Amy : le chapitre du couvent confisqua leurs livres grecs. C'est après cette exécution barbare, que Budé écrivait à Pierre Amy, en

latin, entortillé de grec inintelligible : « O Dieu immortel, patron de l'amitié et arbitre de la nôtre,
qu'est-ce donc que nous avons entendu? Rabelais,
ton Thésée, et toi-même, ô ami bien cher, tourmen-
tés par vos frères, ces ennemis haineux de la beauté
et de la grâce, à cause de votre zèle pour l'étude de
la langue grecque, vous avez à supporter une foule
de pénibles vexations! Hélas! ô funeste aveugle-
ment des hommes à esprit grossier et stupide, qui,
loin d'honorer votre docte intimité, s'efforcent de
mettre fin à la plus libérale occupation, en accusant calomnieusement ceux qui sont parvenus si
promptement au faîte de la science, et en conspi-
rant contre eux! Adieu : salue quatre fois de ma
part le gentil et ingénieux Rabelais! »

Mais cette persécution ne s'arrêta pas là : on
parvint, à force de menaces ou de séductions, à
séparer Pierre Amy de Rabelais et à en faire un
accusateur au lieu d'un complice. Il est impossible
de deviner quels furent les motifs de la brouille
entre les deux amis : on peut seulement conjecturer
que Pierre Amy abusa d'un secret que Rabelais
lui avait confié. Rabelais, affligé de cette ingratitude, proclama hautement la trahison de Pierre
Amy, et enveloppa même dans sa rancune et dans
ses soupçons Guillaume Budé, qui se défendit
chaleureusement d'avoir pris la moindre part, soit
directe, soit indirecte, à tout ce qui s'était passé

au couvent : « Vraiment, lui écrivit Budé en re-
ponse à ses plaintes et à ses reproches, votre
lettre, qui respire une singulière intelligence des
langues grecque et latine, m'a été douce et agréable comme une réminiscence de mon éducation
classique ; mais elle semble contenir je ne sais
quel soupçon sinistre contre moi, puisque vous y
avez formulé cette accusation de méchante trom-
perie, que vous dites avoir portée contre Pierre
Amy, votre confrère dans l'ordre de Saint-François, à cause d'une imposture qu'il vous aurait
faite à vous, homme simple et imprudent. J'ignore
qui sera ma caution, si, pensant qu'Amy est aussi
un perfide, vous avez reconnu, à vos dépens, que
vous ne sauriez plus vous fier à personne, et que
le vrai même n'existait pas ! Je vous renvoie ces
injustes soupçons, afin que quelque autre s'en
puisse faire une arme vis-à-vis de vous, en récri-
minant de la sorte : « Il faut que vous soyez un
prêtre d'un caractère bien difficile et bien morose,
vous qui n'avez pas pu accorder votre confiance à
un frère en Dieu, à un ami, à un compagnon
d'études ! Voilà donc cette charité fraternelle, lien
des monastères, soutien de la religion, ciment de
la communauté ! cette charité divinisée dans de
pompeux sermons !... Vous n'avez pas eu foi en
votre frère : c'est que vous vous êtes défié de vous-
même. O bienheureux saint François, auteur et

fondateur de cet ordre! où s'en est allé l'esprit de votre institution, si ces hommes enchaînés par leurs vœux à la règle de la vie commune, ces hommes qui n'ont pas même le droit de sanctionner par un léger serment la foi de leurs paroles, peuvent manquer entre eux à tous les engagements et se défier l'un de l'autre, au péril de leur tête et de leur réputation! Passe encore s'il en advenait ainsi parmi les païens! Maintenant, si je m'égaie à mon tour, pardonnez-moi de prétendre imiter le ton sur lequel vous avez si joyeusement écrit (1). » Rabelais révélait donc dès lors son humeur joviale et sa philosophie épicurienne, au milieu des chagrins et des tribulations, qui lui faisaient détester davantage la profession monastique.

La trahison que Rabelais reprochait à Pierre Amy eut peut-être pour résultat la vengeance du chapitre conventuel; car on ne peut admettre que ce généreux martyr du grec se fût attiré un châtiment exemplaire par *certaine friponnerie d'importance* (2). Il fut mis *in pace*, c'est-à-dire con-

(1) Dans les Lettres grecques et latines de G. Budé, publiées en 1526, il y en a deux adressées à Rabelais, « frère-mineur. »

(2) Ce sont les expressions du P. Pierre de Saint-Romuald dans son *Trésor chronologique.*

damné à une prison perpétuelle, au pain et à l'eau, dans les souterrains du monastère. Sa disparition ne tarda pas sans doute à éveiller les inquiétudes de ses amis, principalement d'André Tiraqueau, qui, en sa qualité de lieutenant général de la sénéchaussée, pouvait s'immiscer dans les affaires du couvent. Il se fit, en effet, le défenseur du prisonnier des moines, et parvint, non sans difficulté, à le retirer de leurs mains, avec l'aide de la famille Brisson et des habitants les plus recommandables de Fontenay-le-Comte (1).

Quel était le crime de Rabelais? Suivant les uns, il avait mêlé au vin des moines *certaines drogues et plantes lesquelles rendent l'homme refroidi, maléficié et impotent à génération;* suivant les autres, il aurait imaginé une facétie toute contraire et beaucoup plus grave dans ses conséquences, en se servant des drogues *qui excitent, échauffent et habilitent l'homme à l'acte vénérien,* pour entraîner la communauté dans les plus honteux désordres. On trouverait peut-être la preuve de cette assertion dans ce que raconte, au IIIe livre du *Pantagruel* (chap. XXVII), frère Jean des Entommeures, dans le portrait duquel Rabe-

(1) L'abbé Pérau, dans la notice historique qui précède son édition de Rabelais, rapporte qu'on ne put le tirer de prison, qu'en forçant les portes du couvent.

lais s'est plu à mettre quelques traits de son caractère personnel : « A la Passion qu'on jouoit à
Saint-Maixant, entrant un jour dans le parquet, je
veids, par la vertu et occulte propriété d'icelle
(certaine énergie contenue en sa braguette), soub-
dainement touts, tant joueurs que spectateurs, entrer en tentation si terrificque, qu'il n'y eust Ange,
Homme, Diable, ni Diablesse, qui ne voulust bisco-
ter. Le portecole (souffleur) abandonna sa copie ;
celuy qui jouoit saint Michel descendit par la vole-
rie ; les diables sortirent d'enfer, et y emportoient
toutes ces pauvres femmelettes ; mesme Lucifer
se deschaina. Somme, voyant le desarroy, je de-
parquay du lieu, à l'exemple de Caton le Censorin,
lequel, voyant par sa présence les festes Florales
en désordre, désista estre spectateur. » Ceux qui
voient dans cet épisode érotique l'origine de la
condamnation de Rabelais par ses frères du *mou-
tier* de Fontenay-le-Comte, lui attribuent aussi le
méchant tour, dont il a fait honneur au poëte Vil-
lon dans le livre IV du *Pantagruel*, et qui causa la
mort du sacristain de l'abbaye de Saint-Maixent,
pour le punir d'avoir refusé de prêter des ornements d'église aux acteurs du mystère de la Passion. Un des panégyristes de Rabelais (1) assure que
ce libertin fut lui-même un objet de scandale, dans

(1) Antoine Le Roy, dans ses *Elogia Rabelæsina.*

une fête de village, où, ayant bu plus que de raison, il enivra les paysans, leur prêcha la débauche, et, par ses chants, ses danses et ses folies, donna l'exemple du libertinage. Enfin, la tradition la plus constante, qui n'est pas la moins invraisemblable, accuse Rabelais d'avoir commis une éclatante impiété, en s'affublant d'un costume de saint François, et en se plaçant, au lieu de la statue du saint, dans l'église même du couvent, pour faire crier au miracle les bonnes gens qui viendraient s'agenouiller devant lui. On ajoute qu'il poussa l'irrévérence et le sacrilége jusqu'à les asperger avec une eau qui n'était rien moins que bénite.

Si l'on doit croire à cet acte de démence hérétique, il est assez naturel de lui donner pour théâtre l'abbaye de Charroux, voisine du couvent de Fontenay-le-Comte; car cette abbaye possédait, du temps de Rabelais, une relique fort singulière, qu'on invoquait dans les serments (1) et que les huguenots firent disparaître, lorsqu'ils s'emparèrent de l'abbaye en 1562. C'était une grande image de bois sculpté, représentant un homme couvert de lames d'argent; on la tenait renfermée dans une niche

_____

(1) Livre IV du *Pantagruel*, ch. vii. Voy. la note de Le Duchat, à propos du serment *par le digne vœu de Charroux*.

qui ne s'ouvrait qu'un seul jour, tous les sept ans.
Ce jour-là, les hommes et les enfants allaient la
baiser avec dévotion. Quant aux femmes, elles
n'étaient point admises à un tel hommage; elles
devaient seulement essayer de participer au bénéfice du baiser, en se hâtant d'embrasser les gens
dont la bouche venait de toucher le *digne vœu de
Charroux*. « Une grande dame la voulut baiser,
dit l'*Alphabet de l'Auteur françois :* il se haussa
de quatre ou cinq pieds; ce qui passa pour un miracle, quoique ce ne fût qu'un effet de la fourberie
des moines qui avaient attaché une poulie par derrière. » Rabelais ne fut-il pas l'opérateur de ce
miracle?

Quoi qu'il en soit, Rabelais quitta le couvent, où
il serait mort *in carcere duro*, sans l'intervention
de ses amis. Il ne retourna pas chez son père, et il
mena quelque temps une existence vagabonde, car
Guillaume Budé, qui lui écrivit au sujet de sa sortie
du cloître, ne savait pas même quel était le lieu
de la résidence du moine défroqué. Budé avait
appris, par une lettre particulière du prieur de
Fontenay-le-Comte, qui lui renvoyait ses livres
grecs, confisqués dans la cellule de Rabelais, les
motifs de cette confiscation et les événements qui
en avaient été la suite. Les lettres que Rabelais lui
avait adressées s'étaient égarées, et il n'en reçut
qu'une seule par l'entremise d'un frère d'André

Tiraqueau. Dans cette lettre, Rabelais le priait de se faire le protecteur du personnage qui devait la lui remettre. « Justement, lui répondit Budé, revenant de la cour, j'étais retourné à Paris, lorsque j'ai reçu votre lettre; je ne saurais dire qui me l'a remise, mais il paraît que vous l'aviez confiée au frère de votre ami Tiraqueau (*Tiraquelli tui*), cet homme pour qui je sens une si grande estime. Certes, j'aurais pris plaisir à lui rendre le service que vous me demandez pour lui, si votre lettre m'eût été rendue avant mon départ de la cour, et je l'eusse fait non-seulement à cause de votre recommandation, quoique je désire vous être agréable en toute chose, mais encore eu égard au mérite d'un savant qui m'est déjà connu par ses ouvrages. Maintenant je vais répondre à ce que vous m'avez écrit en grec. » Le reste de la lettre est en grec, très-péniblement tourné et très-difficile à comprendre. Budé ne cache pas les ennuis et les persécutions que le grec causait à ses fervents apôtres; il ne pouvait que gémir et protester contre l'ignorance grossière des fanatiques qui confondaient l'hellénisme avec le luthéranisme. Il terminait en s'excusant de ne pouvoir, comme il l'eût voulu, ouvrir sa bourse à un ami du grec; mais il n'était pas riche et il avait une nombreuse famille : « Vous avez tort de croire, disait il, que je fais métier d'amasser de la fortune et que l'amour de l'argent

me possède ! (1) » Rabelais empruntait toujours et
ne rendait jamais ; Budé ne prêtait pas volontiers.

C'est à cette période de la vie de Rabelais, qu'il
faut peut-être rapporter l'histoire de Panurge, fait
châtelain de Salmigondin en Dipsodie et mangeant son blé en herbe. Geoffroi d'Estissac, seigneur de Maillezais, nommé à l'évêché de ce
diocèse en 1518, était accoutumé à subvenir aux
dépenses de ce joyeux prodigue qui a si bien fait
l'apologie des *débiteurs* et *emprunteurs ;* il lui
donna probablement un bénéfice, sinon une ferme
dans la seigneurie épiscopale de Maillezais, et Rabelais, de même que son Panurge, « se gouverna
si bien et si prudentement, qu'en moins de qua-
torze jours, il dilapida le revenu certain et incer-
tain de la chastellenie pour trois ans ; non propre-
ment dilapida, mais despendit (dépensa) en mille
petits banquets et festins joyeux ouverts à tout
venant, mesmement à tous bons compaignons,
jeunes fillettes et mignonnes gualoyses, abattant
bois, bruslant les grosses souches pour la vente
des cendres, prenant argent d'avance, achetant
cher, vendant à bon marché et mangeant son blé
en herbe. » Geoffroi d'Estissac n'en fut ni plus
fâché ni plus indigné que le bon Pantagruel, qui

(1) G. Budæi *Epistolarum libri quinque* (Basileæ,
1557, in-fol.) ; voy. f. 525.

« seulement tira Panurge à part et doucettement luy remonstra que, si ainsi vouloit vivre et n'estre aucunement mesnager, impossible seroit ou pour le moins bien difficile le faire jamais riche. (1) »

Un moine sans froc était vu de mauvais œil, et la position de Rabelais ne laissait pas d'être embarrassante pour ses amis, qui lui conseillèrent de reprendre au moins l'habit religieux. Rabelais aimait trop le grec, pour s'exposer à être de nouveau tourmenté par les cordeliers à cause de l'hellénisme ; il eut l'idée de se faire bénédictin, afin d'étudier à son aise le grec et le reste. Par l'entremise des protecteurs que sa gaîté et son savoir lui avaient acquis à la cour, il obtint donc, vers l'année 1524, un indult du pape Clément VII, qui lui permettait de passer dans l'ordre de Saint-Benoît, d'entrer dans l'abbaye de Maillezais, en Poitou, d'y porter l'habit de chanoine régulier, et de posséder, en dépit du vœu de pauvreté, qu'il avait fait comme cordelier, tous les bénéfices ecclésiastiques qu'il pourrait obtenir comme bénédictin (2).

Rabelais ne resta pas longtemps dans le chapitre de Maillezais, quoique ses goûts studieux, antipathiques avec les habitudes fainéantes d'un ordre

(1) *Pantagruel*, liv. III, ch. xv.
(2) Ce sont les termes mêmes de sa Supplique latine à Paul III, rapportée plus loin.

mendiant, semblassent convenir à sa nouvelle vocation de bénédictin ; il ne prit pas même l'habit
de Saint-Benoît, et, renonçant de son plein gré,
sans la permission de ses supérieurs, à la clôture
monastique, il rentra dans le *siècle*, avec l'habit de
prêtre séculier (1). Il s'attacha d'abord à la personne de l'évêque de Maillezais, son ancien camarade d'études au couvent de la Basmette. Geoffroi
d'Estissac, qui aimait les gens de lettres, connais-
sait les langues anciennes et prenait plaisir aux
entretiens de littérature, d'histoire et de théologie.
Geoffroi d'Estissac donna donc à Rabelais le revenu modeste d'une charge de secrétaire, en pro-
mettant *de le pourvoir bientôt d'un bénéfice.*

Il est bien difficile de préciser la date de l'entrée
de Rabelais dans la maison de Geoffroi d'Estissac.
Peut-être, en l'absence de toute espèce de docu-
ment à cet égard, faudrait-il chercher, dans un
chapitre du *Pantagruel* (livre II, ch. x), l'itiné-
raire de Rabelais et de son noble patron, tous deux
jeunes encore, tous deux ardents à l'étude, allant
visiter ensemble les principales universités de
France. Ces voyages scolastiques seraient donc
naturellement antérieurs au 24 mars 1518, époque
de la nomination de Geoffroi d'Estissac à l'évêché

---

(1) Il le dit lui-même dans la Supplique citée ci-
dessus.

de Maillezais. Les écoliers de ce temps-là n'étaient pas des enfants, mais des hommes. Si Rabelais a voulu ici représenter Geoffroi d'Estissac sous les traits de son *Pantagruel,* qu'il fait descendre de Geoffroi de Lusignan, dit *Geoffroi à la grand'dent,* il l'envoie d'abord à l'école, « pour apprendre et passer son jeune eage ; » ensuite, Geoffroi ou Pantagruel se rendit à Poitiers *pour étudier,* et profita beaucoup, quoique les écoliers de cette université fussent surnommés proverbialement les *flutiers et joueurs de paume de Poitiers.* Il prit un jour *campos,* « avec aulcuns de ses compagnons, » pour aller voir le *noble* abbé Ardillon à Légugé et saluer le docte Tiraqueau à Fontenay-le-Comte ; il retourna à Poitiers et n'y resta pas, car il avait à cœur de connaître les autres universités ; il s'embarqua à La Rochelle, pour venir à Bordeaux, « auquel lieu ne trouva exercice ; » il se hâta d'arriver à Toulouse, et là il n'apprit qu'à danser et à jouer de l'épée ; il n'y demeura guères, quand il vit que ses condisciples « faisoient brusler leurs regens touts vifz comme harengs sorets. » Il tira droit à Montpellier, « où il trouva fort bons vins de Mirevaulx et joyeuse compaignie, et se cuida mettre à estudier en médecine ; » mais il changea d'avis et se mit à étudier en loix : il fut bientôt dégoûté et s'en alla faire l'essai de l'université d'Avignon. Il n'y était pas depuis trois jours, qu'il

devint amoureux ; il courait là plus d'un danger,
mais son pédagogue Epistèmon l'emmena prudem-
ment à Valence : « il n'y avoit pas grand exercice »
dans cette université, et les écoliers avaient trop
à souffrir de l'insolence des *maroufles ;* à la suite
d'une bataille, il quitta la ville et vint à Angers, où
il se serait trouvé fort bien, si la peste ne l'eût pas
forcé de s'en aller à Bourges Il y « estudia bien
longtemps et proufita beaucoup en la Faculté des
loix. » Ce fut à Orléans qu'il acheva son droit ; il
s'y fit recevoir licencié, bien que le jeu de paume
eût fait son occupation favorite dans cette université de *rustres.*

Telle est la relation circonstanciée des voyages
universitaires de Pantagruel, et l'ou peut constater,
en effet, par une lecture attentive des ouvrages
de Rabelais, qu'il avait résidé lui-même dans
toutes les villes où il conduit son héros. Il est tout
simple de supposer que Rabelais avait accompagné
partout Geoffroi d'Estissac, curieux d'entendre les
leçons des maîtres les plus renommés et de compléter ainsi son éducation générale.

L'évêque de Maillezais séjournait ordinairement
au château de l'Ermenaud, dépendant de son évêché, ou bien au château de Légugé, qu'il avait fait
bâtir près du prieuré de ce nom, qui lui apparte-
nait. Rabelais se trouvait donc, par emploi, com-
mensal ou domestique de Geoffroi d'Estissac, qui

réunissait chez lui une société choisie de littérateurs et de personnes instruites ; mais on doit penser qu'il préférait sa liberté, la solitude, plus
favorable à ses travaux, des changements de séjour, des voyages continuels, et peut-être de longues stations vis-à-vis d'un pot de *purée septem-
brale*, dans le cabaret de la *Cave-Peinte* de
Chinon (1). Néanmoins, Rabelais était chargé d'in-
viter, de la part de l'évêque, les hôtes qu'on voulait avoir soit au château de l'Ermenaud, soit au

(1) « J'y ai bu maints verres de vin frais, » dit Panurge avec lequel Rabelais s'identifie souvent (liv. V,
chap. xxxv). « Là sont peintures pareilles (danse de
femmes et satyres, accompagnant le vieil Silenus riant
sus son asne) ; en pareille fraischeur (c'est à dire à
fresque). » La *Cave Peinte* de Chinon est décrite autrement dans l'*Alphabet de l'Auteur françois* : « Cave
paincte ou la maison de Innocent le Patissier. C'étoit
celle de Rabelais, laquelle de ma connaissance étoit
encore à son fils, et, pour aller de cette maison dans la
Cave Peinte, au lieu que l'on descend ordinairement ès
caves, il faut monter en celle-là par autant de degrés
qu'il y a de jours en l'an, puisqu'elle est beaucoup plus
haute que la maison et dans le plus haut du château de
Chinon, qui couvre toute la ville. Le mot de *paincte*
est équivocque et ne faut pas dire *cave peinte*, mais
cave à pinte, d'autant qu'on va querir le vin avec des
vaisseaux qu'on appelle *pintes* et que les caves sont fort
froides en été. »

château de Légugé : la lettre en vers qu'il écrivit
alors à son ami Jean Bouchet, épître dans laquelle
il traite *des imaginations qu'on peut avoir attendant la chose désirée,* est d'autant plus précieuse,
qu'elle nous apprend le genre de vie qu'il menait à
Légugé, et qu'elle nous fait connaître à quel titre
il avait mérité d'être mis au nombre des premiers
poëtes de son temps.

L'espoir certain, et parfaicte asseurance
De ton retour, plein de resjouyssance,
Que nous donnas, à ton partir d'icy,
Nous a tenu jusques ore en soulcy
Assez fascheux, et tresgriefve ancolye :
Dont noz espritz, tainctz de merencolye,
Par longue attente et vehement desir,
Sont de leurs lieux, esquelz souloyent gesir,
Tant deslochez, et haultement raviz,
Que nous cuidons, et si nous est adviz,
Qu'heures sont jours, et jours plaines années,
Et siècle entier ces neuf ou dix journées.
Non pas qu'au vray nous croyons que les astres,
Qui sont reiglez, permananus en leurs atres,
Ayent devoyé de leur vray mouvement,
Et que les jours telz soyent asseurement,
Que cil quand print Iosué Gabaon,
Car ung tel jour depuys n'arriva-on ;
Ou que les nuyctz croyons estre semblables
A celle là que racontent les fables,
Quand Jupiter, de la belle Alcmena,

Feit Herculès qui tant se pourmena.
Ce ne croyons, ny n'est aussy de croyre;
Et toutesfois, quand nous vient à memoyre
Que tu promiz retourner dans sept jours,
Nous n'avons eu ioye, repos, sejours,
Depuys que feut ce temps prefix passé,
Que nous n'ayons les momens compassé,
Et calculé les heures et mynutes.
En t'attendant quasi à toutes meutes.
Mais quand avons si longtems attendu,
Et que frustrez du désir prétendu
Nous sommes veuz, lors l'ennuy tedieux
Nous a renduz si tresfastidieux
En noz espritz, que vray nous apparoyt
Ce que vray n'est et que noz sens ne croyt;
Ne plus ne moins qu'à ceulx qui sont sur l'eau,
Passans d'ung lieu à l'autre par basteau,
Il semble adviz, à cause du *ryvage* (1)
Et des grandz flotz, les arbres du ryvage
Se remuer, cheminer, et dancer :
Ce qu'on ne croyt et qu'on ne peut penser.

De ce j'ay bien voulu ta seigneurie
Assavanter, qu'en ceste resverie
Plus longuement ne nous veuilles laisser ;
Mais quand pourras bonnement delaisser

(1) Il faut lire probablement : *mouvage*; car Rabelais n'eût pas employé le même mot pour les deux rimes. Ce n'est pas le seul passage de cette pièce dans lequel le sens paraît altéré. La faute en est sans doute à Jean Bouchet, qui la publia pour la première fois.

Ta tant aymée et cultivée estude,
Et differer ceste sollicitude
De litiger et de patrociner,
Sans plus tarder et sans plus cachinner,
Apreste-toy promptement, et procure
Les taloniers de ton patron Mercure,
Et sur les vents te metz alegre et gent ;
Car Eolus ne sera negligent
De t'envoyer le bon et doux Zephyre,
Pour te porter où plus on te desyre,
Qui est ceans, je m'en puys bien vanter.
La (ce croy) n'est besoin t'assavanter
De la faveur et parfaicte amitié
Que treuveras ; car presque la moitié
Tu en congneuz, quand vins dernièrement ;
Dont peuz la reste assez entièrement
Conjecturer, comme subsecutoire.

Ung cas y a, dont te plaira me croire,
Que, quand viendras, tu verras les seigneurs
Mettre en oubly leurs estatz et honneurs
Pour te chérir, et bien entretenir,
Car je les oy tester et maintenir
Appertement, quand escheoit le propous,
Qu'en Poictou n'est ne en France suppous,
A qui plus grant familiarité
Veullent avoir, ny plus grant charité.

Car tes escriptz, tant doulx et melliflues,
Leur sont, ou temps et heures superflues

A leur affaire, ung joyeux passetemps,
Dont deschasser les ennuytz et contemps
Peuvent des cueurs ensemble prouffieter
En bonnes meurs, pour honneur mériter.
Car, quand je liz tes œuvres, il me semble
Que j'apperceoys ces deux poinetz tout ensemble,
Esquelz le pris est donné en doctrine :
C'est assavoir doulceur et discipline.

Par quoy te prye et semons derechief
Que ne te soit de les venir veoir grief.
Si eschapper tu puis en bonne sorte,
Rien ne m'escrips, mais toi-mesmes apporte
Ceste faconde et éloquente bouche,
Par où Pallas sa fontaine desbouche,
Et ses liqueurs castallides distille.

Ou, si te plaist exercer ton doulx stile
A quelque traict de lettre me rescripre,
En ce faisant, feras ce que desire.

Et toutesfoys aye en premier esgard
A t'appriver, sans estre plus esguard,
Et venir veoir icy la compaignie
Qui de par moy de bon cueur t'en supplie.

A Ligugé, ce matin, de septembre
Sixiesme jour, en ma petite chambre,
Que de mon lict je me renouvellays,
Ton serviteur et amy RABELAYS.

Jean Bouchet, à qui une épître *familière* en vers ne coûtait pas plus qu'un acte de procureur, répondit, en datant sa lettre du *fâcheux Palais* de Poitiers, pour s'excuser de ne pouvoir profiter d'une hospitalité si honorable, à laquelle l'évêque et son neveu, jeune gentilhomme de belle espérance, *modéré en son parler et maintien* et *bien orné d'éloquence*, savaient donner plus de prix par cette *familiarité* sans arrogance et ces formes aimables, gracieuses et polies, qui caractérisent *les gens de bien et de bonne lignée* (1).

Il est présumable que ces réunions de savants et de littérateurs, sous les auspices du bon évêque de Maillezais, mirent Rabelais en rapport avec plusieurs hommes distingués qui manifestèrent, en même temps que lui, une sympathie plus ou moins apparente pour la Réforme. Clément Marot, Antoine Héroet, Hugues Salel, Bonaventure Des Periers, durent se rencontrer, à peu près vers cette époque, en Poitou, avec Calvin, que Rabelais avait connu sans doute au sortir du couvent, lorsqu'il jeta le froc aux orties. « Il y en a qui disent qu'il se rendit luthérien, et d'autres qu'il devint

(1) La lettre et la réponse se trouvent réunies dans les *Epistres familières* de Jean Bouchet, Poitiers, 1545, in-folio.

athée » (1). Le premier lien qui rapprocha Rabelais de Calvin semble avoir été la passion du grec, à laquelle Rabelais était déjà redevable de l'amitié du célèbre Budé. Calvin, pendant sa résidence à Angoulême, fut surnommé *le Grec de Claix*, parce qu'il avait étudié la langue grecque avec le secours de Louis du Tillet, curé de Claix. Mais la bonne intelligence ne pouvait être que passagère entre l'ardent réformateur et le philosophe sceptique.

Ce fut certainement dans l'intervalle de 1524 à 1530, que Rabelais se fixa dans un petit village du Perche, nommé Soudé ou Souday, où s'est perpétuée jusqu'à nos jours la tradition de sa résidence comme curé et comme médecin. Le Perche était, à cette époque, une province presque sauvage : couverte de bois, entourée d'étangs et de marais, sans voies de communication et sans aucun mouvement commercial, cette province se trouvait, pour ainsi dire, tout à fait isolée au centre de la France et complétement séparée de l'existence politique du royaume (2). On raconte que Rabelais

(1) *Trésor chronologique* du P. Pierre de Saint-Romuald : et Théophile Rainaut, *De bonis ac malis libris*, pars 1, 57.

(2) On lit dans un manuscrit du xvie siècle, conservé à la bibliothèque publique de Châteaudun : « Nam, in ea parte qua Unellos seu Perticenses attigit, sylvosa est et lucis ac nemoribus densisque arboribus opaca,

y chercha un refuge contre des persécutions qui
ne pouvaient provenir que de ses imprudences en
matière religieuse ou de ses excentricités au point
de vue de la règle monastique. Selon cette tradition, qui a survécu aux documents de l'histoire, il
se serait alors retiré auprès de ses condisciples de
la Basmette, les frères Du Bellay, qui faisaient reconstruire le château de Glatigny, où ils étaient
nés, sur les terres de leur seigneurie patrimoniale.
Celui qui dirigeait avec le plus d'intérêt cette magnifique reconstruction était le fameux capitaine
Guillaume Du Bellay, seigneur de L____, dans la
maison duquel Rabelais paraît avoi___ d'abord la
charge de secrétaire ou celle de chapelain. Les
cinq frères, qui faisaient la gloire de cette illustre
famille, venaient se reposer ensemble, ou tour à
tour, des fatigues de la vie politique, dans cette
belle et délicieuse retraite de Glatigny, où l'un
d'eux, Martin Du Bellay, finit par s'établir à de-
meure fixe, après la mort du sire de Langey.

Rabelais logeait donc ordinairement au château
de Glatigny, lorsque son ancien camarade, Guillaume Du Bellay, y résidait avec tout le luxe et le
fracas d'un train de prince, au retour d'une de ses
ambassades ou de ses campagnes militaires. Ce

stagnis, pascuis, armentis et paludibus exinde refer-
tissima. »

grand homme de guerre aimait les études historiques, et ne dédaignait pas de consacrer ses loisirs
à la composition de divers ouvrages d'histoire
écrits en latin et en français, auxquels Rabelais eut
certainement une grande part. Lorsque Jean Du
Bellay, qui commençait à se distinguer aussi dans
les négociations diplomatiques, arrivait à Glatigny,
après avoir séjourné dans une cour étrangère, ou
à la cour de France, ou dans son diocèse de
Bayonne, Rabelais s'empressait de se mettre à ses
ordres et de lui offrir le service d'une plume exer-
cée, pour la rédaction de ses harangues, de ses
lettres et de ses mémoires d'État; en outre, Jean
Du Bellay cultivait avec passion la poésie latine, et
Rabelais, qui lui était bien supérieur dans ce genre
de littérature, travaillait sans doute à perfectionner les vers lyriques de cet illustre patron (1). On
attribue ainsi à Rabelais, plutôt qu'à l'un des frères
Du Bellay, cette inscription gravée en lettres d'or

(1) Dans un manuscrit de la Bibliothèque impériale
de Paris, que nous regardons comme un *brouillard*
autographe de Rabelais, et dont nous parlerons plus
loin, il y a des vers latins du cardinal Du Bellay, qui
semblent inédits et que l'auteur du manuscrit a chargés
de corrections, après les avoir copiés de sa main. Le
poëte Salmon Macrin revoyait aussi les poésies du cardinal, avant de les publier avec les siennes.

sur une table de marbre, au fronton de la grande
porte du château de Glatigny :

PAX HABITET SECURA DOMI, SIT ROBUR IN ARMIS :
CONSILIUM PRUDENS ARMA DOMUMQUE REGAT.

On rapporte au séjour de Rabelais dans la maison des Du Bellay deux anecdotes, qui pourraient
bien n'être que des contes populaires, mais qui ont
pourtant traversé trois siècles en passant de bouche en bouche, comme des traditions authentiques
attachées aux souvenirs du château de Glatigny (1).
Jean Du Bellay était la providence des pauvres du
pays : il avait ordonné qu'on ne leur refusât jamais l'aumône, et tous les mendiants qui se pré-
sentaient à l'entrée du château y recevaient une
large hospitalité. La table était toujours mise pour
eux, à toute heure de nuit et de jour, et on ne les
laissait pas repartir, avant qu'ils eussent rempli
leur ventre et leur bissac. Rabelais, qu'on ne con-

(1) Ces traditions et la plupart des détails entièrement nouveaux relatifs au séjour de Rabelais dans le
Perche nous ont été fournis par le docteur Piron, qui
a longtemps habité Glatigny, et qui a rassemblé une
foule de renseignements précieux sur les anciens seigneurs de ce château. Nous faisons usage d'un savant
mémoire manuscrit, que M. le docteur Piron a bien
voulu nous communiquer.

naissait pas encore à Glatigny, y arrive un soir,
vêtu en mendiant, couvert de poussière, accablé
de lassitude, mourant de faim et de soif. Il s'était
enfui, on ne sait d'où, sous un déguisement qui
devait le soustraire aux recherches des sergents. Il
demande, d'un ton impérieux, à boire et à manger :
on lui apporte la pitance ordinaire des gueux de
passage. Il goûte le vin, il goûte la soupe, en faisant la grimace ; il s'indigne et crie, pour qu'on lui
donne de meilleur vin et des aliments plus succu-
lents. On s'étonne de voir un mendiant si exigeant
et si délicat ; on lui obéit néanmoins. Mais Rabelais
ne se tient pas encore pour content : en voyant
fumer les mets qu'on va servir sur la table seigneuriale, en voyant déboucher les bouteilles qui
doivent se vider dans les verres des convives du
maître de céans, il veut goûter ces vins et ces
mets ; sa faim renaît, sa soif augmente. Il faut
employer la force pour l'empêcher de faire main-
basse sur les flacons et les plats. On court avertir
Jean Du Bellay : on lui raconte les incroyables
prétentions de l'audacieux mendiant ; on attend
des ordres pour expulser ce drôle. Mais Jean Du
Bellay, qui se mettait à table, ne fait que rire du
singulier épisode qui se passe dans ses cuisines et
ordonne qu'on lui amène l'auteur de tout ce bruit.
On introduit en sa présence Rabelais, qu'il ac-
cueille d'abord avec bonté, qu'il embrasse après

l'avoir reconnu, et qu'il fait asseoir auprès de lui, en disant à ses gens ébahis, que c'est « le plus gentil esprit et le plus docte personnage de la république des lettres. »

Un jour (Rabelais était devenu un des domestiques de la famille Du Bellay, mais il ne mangeait pas à la table des seigneurs de Glatigny, quoiqu'il assistât souvent à leurs repas, où il les divertissait de ses bons mots), on pêcha, dans la rivière voisine, le Coueteron, un poisson d'une grosseur extraordinaire qui fut réservé pour la bouche de monseigneur Jean Du Bellay. Ce poisson, qu'on appelle *tourte* dans le pays, a la chair la plus blanche et la plus exquise. Rabelais le convoitait des yeux, en le voyant paraître sur la table de son maître. Au moment où l'écuyer-tranchant allait dépecer la *tourte*, Rabelais fit un pas en avant, et touchant du doigt le plat d'argent où le poisson s'étalait dans toute sa splendeur, il prononça ces deux mots avec un air doctoral : *duræ coctionis.* Jean Du Bellay en conclut que ce poisson-là n'était pas facile à digérer, et il le renvoya à l'office, avant qu'on l'eût entamé. Rabelais se hâta de rejoindre le poisson qu'il semblait avoir frappé d'une sentence médicale, et il lui fit une telle fête, qu'il ne laissa que les arêtes. On ne manqua pas de dire à Jean Du Bellay comment maître François avait donné un fier démenti à son arrêt contre le poisson. « Pourquoi, lui demanda le prélat, avez-vous prétendu que ce poisson était indigeste, *duræ coctionis?* — Je ne parlais pas du poisson, monseigneur, reprit Rabelais, mais bien du plat que je touchais en disant : *duræ coctionis*, et, de fait, je n'ai point essayé d'y mordre » (1). La gaîté intarissable et le bon sens malicieux de Rabelais plaisaient particulièrement à Jean Du Bellay, qui, tout évêque qu'il était, n'en aimait pas moins à rire et à s'amuser. Il emmenait donc souvent avec lui son ancien condisciple de la Basmette au château de Rambouillet, appartenant à sa vieille tante madame Philippe Du Bellay, veuve de Jean d'Angennes, et aux descendants de ce seigneur. Rabelais n'a pu passer à Rambouillet, sans y laisser dans la tradition quelque trace de son passage (2). « Il y a, dit Tallemant des Réaux (dans l'historiette de la marquise de Rambouillet), il y a, au pied du château, une fort grande prairie, au milieu de laquelle, par une bizarrerie de la nature, se trouve comme un cercle de

---

(1) Nous nous rappelons avoir lu cette anecdote dans plusieurs *Ana*, notamment dans les *Lettres curieuses de M. de B.* (Bordelon), qui font partie de ses *Diversités curieuses*, en 12 vol. in-12, mais les *Ana* parlent d'une lamproie, et non d'une *tourte*.

(2) *Notice historique sur le domaine et le château de Rambouillet* par A. Moulié. (Rambouillet 1850, in-8o).

grosses roches, entre lesquelles s'élèvent de grands arbres qui font un ombrage très-agréable. C'est le lieu où Rabelais se divertissait, à ce qu'on dit dans le pays, et encore aujourd'hui on appelle certaine roche creuse et enfumée *la marmite de Rabelais*. Ce joyeux compagnon, qui se ruait si volontiers en cuisine, suivant sa propre expression, avait été moine et n'était plus que curé de village! »

Les seigneurs de Glatigny avaient, entre tous leurs priviléges, le droit de nomination à la cure de Souday, qui était dépendante de leur château. C'est un fait à peu près incontestable, que Rabelais fut, pendant quelques années, le titulaire de cette cure, et qu'il la desservit, au moins en qualité de chapelain de Glatigny. On voit encore, dans le chœur de l'église de Souday, cinq fenêtres ogivales, garnies de vitraux peints, et l'opinion constante des habitants de la localité persiste à reconnaître Rabelais dans un des personnages représentés sur ces vitraux. Ce personnage, portant l'habit ecclésiastique, est agenouillé, les mains jointes, devant le crucifix; derrière lui, saint Jean-Baptiste, caractérisé par ses emblèmes ordinaires, l'agneau et le roseau en croix, semble avoir pris sous sa protection le pécheur agenouillé qui fait amende honorable en disant : *In manibus tuis sortes meœ*. Ce pécheur-là, dont les cheveux plats, les yeux larges, la bouche bien fendue, le nez aplati et la physiono-

mie goguenarde rappellent évidemment certains
portraits de Rabelais dans sa jeunesse, pourrait
bien n'être cependant qu'un des frères Du Bellay,
puisque trois d'entre eux, Guillaume, Jean et Réné
Du Bellay, sont très-reconnaissables dans les peintures de deux fenêtres voisines. Néanmoins, tous
les curés de Souday, qui se glorifiaient d'avoir eu
Rabelais pour prédécesseur, se sont transmis de
l'un à l'autre cette tradition, en y ajoutant des
particularités erronées, plus propres à la contredire
qu'à la prouver. Ainsi, on a prétendu que Jean Du
Bellay et ses frères, qui firent restaurer entièrement l'édifice, dans l'intervalle de 1526 à 1534,
avaient voulu perpétuer le souvenir de la réconciliation de Rabelais avec l'Église et de son absolution par bref du pape; mais il est impossible de
croire que Guillaume Du Bellay, sire de Langey,
vice-roi de Piémont, Jean Du Bellay, évêque de
Bayonne et de Paris, ambassadeur du roi de
France, et Réné Du Bellay, évêque du Mans, aient
jamais consenti à élever jusqu'à eux leur chapelain,
leur sécrétaire et leur médecin, en lui donnant
place à leurs côtés sur les vitraux de Souday. Il
faudrait, pour expliquer cet étrange assemblage,
que Rabelais eût fait peindre lui-même ces vitraux
à ses frais et se fût mis sans façon sous la protection immédiate de saint Jean-Baptiste, patron de
son principal bienfaiteur. Au reste, les vitraux

existent encore presque intacts, quoique, dans ces
derniers temps, un incendie ait détruit le bas d'une
fenêtre, où les dates 1526-1534 étaient peintes dans
un cartouche.

Rabelais, curé de Souday, préféra bientôt aux
devoirs de la prêtrise séculière, pour lesquels il se
sentait peu de vocation, l'exercice actif de l'art
médical. Il n'avait pas encore étudié la médecine
en suivant les cours d'une faculté; mais il s'était
passionné pour cette science, et il commençait à la
pratiquer avec beaucoup de bonheur, après en
avoir pris la théorie dans les livres des anciens et
des modernes. L'étude de la botanique lui permit
bientôt de connaître les vertus des plantes et de les
appliquer au traitement des maladies. Il avait d'a-
bord expérimenté sur ses paroissiens, qui récla-
maient ses soins d'autant plus volontiers qu'ils ne
le payaient pas; lui, en revanche, ne se faisait pas
scrupule d'opérer à leurs dépens : il devint de la
sorte, en peu de temps, un habile praticien, et sa
réputation de docteur se répandit dans tout le pays
percheron. A cette époque, il n'y avait des médecins que dans les grandes villes; on ne s'en portait
peut-être pas plus mal dans les campagnes. Rabelais cessa d'être curé de village, pour se faire médecin empirique. Il était sans cesse par voie et par
chemin, monté sur sa mule, cherchant des malades
à guérir et ne songeant qu'à se perfectionner dans

un art qu'il avait appris surtout dans Hippocrate et dans Galien. On peut supposer que l'ingratitude de ses clients s'était signalée, à son égard, dans plusieurs occasions qui lui avaient laissé un fond de ressentiment contre les Percherons et les Manceaux, en général ; car, dans son cinquième livre du *Pantagruel*, chapitre XXXI, il les représente comme des fourbes et des menteurs.

Rabelais était condamné cependant à vivre avec eux. Il fut obligé, on ignore pourquoi, de s'éloigner de Glatigny et de renoncer à la cure de Souday ; il resta toutefois sous la protection seigneuriale de la famille Du Bellay, et il alla se loger dans le village de Langey, vis-à-vis du château de ce nom, vieille forteresse féodale, que Guillaume Du Bellay affectionnait comme le berceau de ses ancêtres. Ce seigneur avait donné à Rabelais une petite maison, que celui-ci fit reconstruire et décorer sur ses propres dessins. Cette maison rappelait sans doute à son propriétaire la métairie de la Devinière, où il avait passé son enfance, et qu'il regrettait surtout au milieu des agitations de sa vie errante et tourmentée. Elle ne se composait que d'un rez-de-chaussée divisé en deux chambres, dont l'une était l'*étude*, l'autre la *salle* ; une *vis* en bois conduisait au grenier, où devait être l'observatoire astronomique de Rabelais. Des fenêtres inégales éclairaient le rez-de-chaussée, où l'on trouve encore une vaste cheminée en pierre, tout à fait semblable à celle qui est figurée dans les vieilles estampes représentant la chambre de Rabelais à la Devinière. L'observatoire avait une espèce de balcon, formé par une grande mansarde (1) qui s'élève jusqu'au sommet de la toiture, et qui est couronnée par des sculptures grossières, en bois ou en plomb. Le faîte de cette mansarde est orné de deux lamproies qui se dressent en baldaquin et se réunissent par l'extrémité de leurs queues. Rabelais avait adopté pour armes parlantes la lamproie, comme s'il était fier de montrer à tous les yeux l'enseigne du cabaret de son père. Enfin, au fronton de la mansarde, un médaillon en pierre, fruste et dégradé par le temps, offre l'image d'un homme barbu, qui reproduit assez naïvement les principaux traits du masque rabelaisien (2).

(1) Quoique ce mot-là rappelle seulement l'architecte Mansard, qui avait adopté ce mode de construction, auquel est resté son nom, les fenêtres ménagées sur le toit, et formant une espèce de niche ornée de sculptures, appartiennent au style architectural du XVIᵉ et même du XVᵉ siècle.

(2) Voyez, à la bibliothèque publique de Châteaudun, un manuscrit inédit de l'abbé Bordas, rédigé en 1780 : « François Rabelais, dit l'auteur de ce manuscrit, n'est pas encore dans l'oubli à Langey. On montre, dans ce bourg, une maison, la dernière à gauche

C'est dans cet ermitage que Rabelais a passé plusieurs années, au milieu d'une solitude agreste, entouré de ses livres, absorbé par ses études, et menant de front, dans ses travaux, la science et les lettres, la philosophie, la linguistique, l'astronomie et la médecine. C'est dans cette retraite modeste qu'il alla souvent se confiner et se cacher, pendant le cours de sa carrière vagabonde, traversée de tant de vicissitudes. Il est certain que l'auteur de *Gargantua* et de *Pantagruel* aimait la vie contemplative et tout ce qui lui sert d'aliment dans les spectacles de la nature. « Les vers que Clément Marot lui a adressés (1), dit le savant docteur Piron dans son curieux mémoire sur la maison de Rabelais, nous portent à croire que, dans maintes occasions, il aurait manifesté le désir de vivre à la campagne, loin des grands et du tumulte des villes. Sous le climat du Perche, où les hivers durent six mois, Rabelais avait retrouvé, au milieu de sa liberté, les ombrages frais en été et la vie claustrale dans la froide saison.» Rabelais savait apprécier les charmes

en allant à Boisgosson, que l'on dit avoir été bâtie par le cardinal ; elle porte encore son nom (*le Rabelais*) ; on y donne pour sa figure un buste en pierre tendre, un peu mutilé, qui est au-dessus d'une fenêtre de cette maison et dans son couronnement. »

(1) Nous citerons plus loin ces vers, qui ne parurent qu'en 1532, avec la *Suite de l'Adolescence Clémentine*,

de la vie champêtre, et c'est un cri de son cœur, que cette fameuse exclamation de Panurge pendant la tempête : « O que trois et quatre fois heureux sont ceulx qui plantent choulx ! O Parces, que ne me filastes-vous pour planteur de choulx (1) ! »

Mais Rabelais, pas plus que Marot, ne pouvait jouir de la vie douce et sédentaire qui convenait si bien à ses goûts et qu'il a peinte avec amour dans la description de l'abbaye de Thélème (2). Il était domestique de la maison Du Bellay, et, soit en qualité de médecin, soit en qualité de secrétaire, il devait accompagner tour à tour les quatre frères dans leurs voyages et leurs missions politiques. On ne saurait pourtant assurer qu'il ait suivi, en 1528, l'ambassade de Jean Du Bellay en Angleterre. On n'a pas jusqu'à présent découvert son nom dans l'immense correspondance inédite de l'ambassadeur avec le grand-maître Anne de Montmorency ; mais un passage du *Pantagruel* semble indiquer qu'il était allé à Londres : ce passage est celui dans lequel il vante la beauté des dames anglaises, « tant douillettes, tant blondelettes, tant délicates »(liv. IV, chap. XVII). En tous cas, il n'était revenu d'Angleterre, où la Réforme commençait à prendre pied, ni meilleur catholique, ni moins fervent pantagru-

(1) *Pantagruel*, liv. IV, chap. XIX.
(2) *Gargantua*, ch. LIII et suiv.

éliste, car il avait pu vérifier par lui-même la vérité du proverbe : *saoul comme uny Anglois* (liv. Ier chapitre xv). La dispute de Panurge contre un grand clerc d'Angleterre *qui arguoit par signes*, est peut-être un souvenir personnel de Jean Du Bellay.

Quoi qu'il en soit, si Rabelais fut absent de France en 1528 et 1529, il y trouva les affaires de la *religion* nouvelle moins avancées, à son retour, qu'elles ne l'étaient au moment de son départ. Les mesures de rigueur, invoquées par le clergé catholique et ordonnées par le parlement de Paris contre les *novateurs*, frappèrent d'abord quelques gens de lettres, qui s'étaient faits les disciples de Calvin. Clément Marot encourut un procès criminel pour avoir mangé du lard en carême ; Bonaventure des Periers fut dénoncé comme *athéiste* par Sagon, abbé de Saint-Evroul, et faillit être traduit en justice pour des propos qu'il avait tenus en se promenant avec des gentilshommes sur une terrasse du château d'Alençon, chez la reine de Navarre ; enfin, Louis Berquin, qui partageait les opinions luthériennes avec les hommes les plus éclairés de cette époque, fut condamné au feu par une commission extraordinaire du parlement ; et malgré les efforts de Guillaume Budé pour obtenir qu'il fît amende honorable devant la Sorbonne, il subit son arrêt en place de Grève, le 17 avril 1530. Les flammes du

bûcher, qui consuma ses livres avec lui, jetèrent
une sinistre lueur dans l'esprit de ses amis et de
ses adhérents. Il est permis de supposer que Guillaume Budé, qui s'était si fort employé pour sauver
Louis Berquin, invita ensuite tous les gens de
lettres, qu'il savait imbus des mêmes doctrines, à
n'en plus faire parade, et même à se soustraire par
la suite aux accusations d'hérésie qui allaient cou-
vrir la France de potences et de bûchers. Rabelais,
aussi bien que Berquin, *haïssoit mortellement
l'asnerie des sorbonnistes et moines; de sorte que
souvent il ne pouvoit dissimuler, voire entre les
plus apparents du royaume, de dire contre eulx
ce qui lui en sembloit* (1). Il était donc gravement
compromis, et il se trouvait exposé à la vengeance
des moines, qu'il n'avait que trop expérimentée
déjà. Ce fut en présence d'un danger imminent,
qu'il dut renoncer à sa chère ville de Chinon, où
il avait pignon sur rue; à son clos de la Devinière,
où il récoltait de si joli vin; à sa *petite chambre*
d'étude du château de Légugé, à son bon *maître*

(1) On peut appliquer à Rabelais ce que Simon Gou-
lard (*Hist. des Martyrs persécutés et mis à mort pour
la vérité de l'Évangile*, édition in-folio de 1619,
pag. 104) dit de Berquin, avec qui l'auteur de *Pantagruel* offre une singulière analogie de sentiments et
de but.

l'évêque de Maillezais, à ses illustres amis du château de Glatigny, à sa maisonnette de Langey, à tout ce qui l'attachait enfin au sol de la Touraine et du Poitou. Il s'en alla seul, à l'âge de quarante-deux ans, étudier la médecine à Montpellier, dans cette Faculté célèbre qui avait fait oublier l'ancienne école de Salerne.

On raconte que, le jour même de son arrivée à Montpellier, il suivit la foule qui se portait à la Faculté de médecine pour entendre une thèse publique : là, s'étant mêlé aux auditeurs dans la grande salle, il ne s'occupa d'abord qu'à regarder les tableaux qui la décoraient ; mais, comme la discussion s'engageait sur la vertu des plantes et des herbes, il prêta l'oreille, et manifesta bientôt son mécontement par une pantomime qui attira l'attention de toute l'assemblée : il branlait la tête, haussait les épaules, roulait des yeux ardents, grinçait des dents, rongeait ses ongles, se frappait la poitrine. Le doyen lui envoya un appariteur qui le pria d'entrer dans l'enceinte réservée aux docteurs et de prendre part à la discussion. Rabelais, dont l'air majestueux et la belle physionomie avaient commandé une sorte de respect aux membres de la Faculté, s'excusa d'émettre son avis en présence de tant d'illustres professeurs, lui qui n'était pas même bachelier en médecine. Après cet exorde plein de convenance et de modestie, il entra de plain-pied dans la discussion, et, abordant une à une toutes les questions de botanique médicale qui avaient été posées, il les traita si éloquemment, si profondément, si ingénieusement, que la surprise et l'admiration des assistants éclatèrent avec transport et accompagnèrent la retraite de Rabelais, à la suite de cette thèse improvisée, qui remplaça pour lui celle du baccalauréat (1).

Le lendemain, il s'inscrivit sur les registres des matricules, en ces termes, qui ne reproduisent que le sens de l'élégant latin de l'original : « Moi, François Rabelais, Chinonais, du diocèse de Tours, j'ai été amené ici par amour des études de la médecine, et je me suis choisi pour *père* l'illustre seigneur Jean Schyron, docteur et régent dans cette féconde université. Donc, je promets d'observer tous les statuts de la Faculté de médecine, lesquels sont observés par ceux qui ont donné leur nom de bonne foi, en prêtant serment comme il est d'usage; et, sur ce, j'ai écrit mon nom, de ma propre main, le seizième jour de septembre 1530. RABELAIS. » Six semaines après, il obtint une dispense spéciale pour être reçu bachelier, quoique les délais de rigueur ne fussent pas écoulés depuis son inscription matriculaire; il consigna lui-même son nouveau titre sur les registres de la Faculté « Moi,

_____

(1) Voyez *Elogia Rabelæsina*, prem. part. p. 340.

François Rabelais, du diocèse de Tours, j'ai été promu au grade du baccalauréat, le premier jour du mois de novembre 1530, sous le révérend maître ès-arts et professeur de médecine Jean Schyron. RABELAIS (1). »

Rabelais commença presque aussitôt les *leçons du cours* que les nouveaux bacheliers étaient tenus de faire pendant trois mois : il expliqua devant un nombreux auditoire les Aphorismes d'Hippocrate et l'*Ars parva* de Galien (2). Rabelais n'était pas

----

(1) *Mém. pour servir à l'hist. de la Faculté de médecine de Montpellier*, par Astruc, pag. 317 et 318. « Ego Franciscus Rabelæsus, Chinonensis, diœcesis Turonensis, huc adpuli studiorum medicinæ gratia, delegique mihi in patrem egregium dominum Joannem Scurronem, doctorem, regentemque in hac alma Universitate. Polliceor autem me omnia observaturum quæ in prædicta medicinæ Facultate statuuntur et observari solent ab iis qui nomen bona fide dedere, juramento, ut moris est, præstito; adscripsique nomen meum manu propria. Die 16 mensis septembris anno Domini 1530. RABELÆSUS. ».

« Ego Franciscus Rabelæsus, diœcesis Turonensis, promotus fui ad gradum baccalaureatus, die 1 mensis novembris anno Domini 1530, sub reverendo artium et medicinæ professore magistro Joanne Scurrone. RABELÆSUS. »

(2) On donnait ce nom au traité intitulé *Ars medici-*

satisfait de la version latine adoptée pour l'ensei-
gnement; il y voyait des omissions, des contre-
sens, et même des interpolations grossières. Il se
servit donc d'un précieux manuscrit de l'original
grec, qu'il possédait, pour rectifier les erreurs de
l'interprète latin, et rétablir le véritable sens du
texte à l'aide de quelques variantes. Ces éclaircis-
sements philologiques firent beaucoup d'honneur
au nouveau bachelier, qui se montrait déjà digne
du bonnet de docteur.

Ce fut peut-être à l'occasion de ce premier
succès, qui couronna son baccalauréat, que Rabelais institua un cérémonial burlesque et singulier,
que les étudiants en médecine de Montpellier obser-
vèrent religieusement jusqu'au dernier siècle, en
l'attribuant toujours à leur célèbre prédécesseur
François Rabelais. Voici quel était ce cérémonial :
Après l'*acte* (examen) du baccalauréat, les professeurs passaient dans la salle du *Conclave* pour dé-
libérer, et le chancelier, ou, à son défaut, le doyen
de la Faculté, faisant approcher le candidat, lui
disait à haute voix : *Indue purpuram, conscende
cathedram, et grates aga quibus debes* (Revêts la
robe rouge, monte en chaire, et rends grâce à qui

nalis, que Rabelais nomme *Ars medica* dans la préface
dédicatoire de son édition des Aphorismes, préface qui
nous fournit ces détails.

tu le dois). Le bachelier descendait bientôt de la chaire, au pied de laquelle il recevait les félicitations du professeur qui l'avait interrogé. Ensuite, il traversait la salle des Actes, pour se rendre au Conclave avec tous les professeurs. Alors, ses condisciples et amis, qui l'attendaient au passage, confirmaient par des coups de poing sa réception comme bachelier. On nommait *souvenir de noces* ces joyeux coups de poing, qui, suivant une ancienne coutume, étaient fort usités dans plusieurs provinces, notamment en Poitou et en Touraine, aux fêtes des fiançailles, comme pour faire entendre que la discorde ne devait pas exister entre époux et que le mariage servait de baume à toutes les blessures. Mais, dans ces *frapperies* du baccalauréat, que l'on a mal à propos comparées au coup de plat d'épée sur l'épaule du gentilhomme admis au rang de chevalier (1), il faut voir seulement un plaisant adieu des étudiants à leur camarade, qui s'élevait d'un degré scientifique au-dessus deux, et qui cessait d'être leur égal en sortant de la salle où il avait passé son examen (2).

(1) C'est l'idée d'Astruc, qui rapporte cet usage attribué à l'invention de Rabelais.

(2) *Histoire de la Faculté de médecine de Montpellier*, pag. 329 et 351. Il y a quelque analogie entre ces coups de poing et ceux des noces de Baské. Rabelais a raconté en détail, dans son *Pantagruel*, ces noces dans

Rabelais, qui n'avait rien perdu de la gaîté de sa jeunesse, ne se faisait aucun scrupule, en descendant de sa chaire et en déposant la robe rouge, de s'essayer comme acteur, devant un joyeux auditoire, dans des farces qu'il composait lui-même. Ses compagnons d'études, qu'il nomme ses *antiques amis*, et qui n'étaient encore que bacheliers comme lui, Antoine Saporta, Guy Bourguier, Balthazar Noyer, Tolet, Jean Quentin, François Robinet, Jean Perdrier et Guillaume Rondelet l'aidèrent à jouer *la morale Comédie de celui qui avoit espousé une femme mute* (muette). « Je ne ris onc tant qu'à ce patelinage ! » dit Rabelais, en racontant le sujet de cette *moralité*, que Molière n'a pas dédaigné d'imiter dans *le Médecin malgré lui* (1). Voici l'analyse qu'il a laissée de cette farce, qui était du même genre que la célèbre farce de *Pathelin* et qui pouvait bien être de Rabelais lui-même, comme l'ont pensé plusieurs historiens de notre ancien théâtre : « Le bon mary vouloit qu'elle (sa femme) parlast. Elle parla par l'art du médecin et du chirurgien, qui luy couperent une encyliglotte

lesquelles furent renouvelées les *antiques coustumes des fiancailles*. Ces coutumes ne se rattachent-elles pas aux souvenirs mythologiques du combat des Centaures et des Lapythes aux noces de Pelée? (Liv. IV, ch. xII à xvI).

(1) Voyez *Pantagruel*, liv. III, chap. xxxiv.

qu'elle avoit soubz la langue. La parole recouverte,
elle parla tant et tant, que son mary retourna au
médecin pour remède de la faire taire. Le médecin
respondit : en son art bien avoir remèdes propres
pour faire parler les femmes ; n'en avoir pour les
faire taire : remède unicque estre surdité du mary,
contre cestuy interminable parlement de femme.
Le paillard devint sourd, par je ne scay quels
charmes ils feirent. Puis, le médecin demandant son
salaire, le mary respondit qu'il estoit vrayement
sourd et qu'il n'entendoit sa demande. » Ne re-
marque-t-on pas déjà, dans cette farce, que l'impression ne nous a pas conservée, l'esprit comique
et satyrique qui caractérise le roman de Rabelais?
Il osait déjà se moquer de la médecine en face de
la Faculté, qui lui pardonna sans doute à force de
rire. Au reste, on ne doit pas s'étonner que Rabelais, quoique bachelier en médecine, se fît acteur de
farces. Les poëtes de ce temps-là étaient volontiers
comédiens. André de la Vigne et Pierre Gringoire
paraissaient en scène, dans leurs *sóties* et leurs
moralités ; Clément Marot, clerc de la Basoche,
s'était enrôlé dans la troupe des *Enfants sans
souci*, et Jean Bouchet, tout procureur qu'il était,
figurait publiquement en costume de diable dans
la Passion, qu'on représentait souvent sur la
place publique de Poitiers et dans l'amphithéâtre
de Doué. Les jeunes acteurs qui avaient con-

couru à la représentation de la farce de Rabelais, devinrent comme lui, à peu de temps de là, les lumières de la science médicale, surtout Antoine Saporta, qui fut doyen de la Faculté de Montpellier, Pierre Tolet, qui se distingua comme médecin du grand hôpital de Lyon, et Guillaume Rondelet, qui se fit une haute réputation par ses savants travaux sur l'histoire naturelle des poissons.

Ce fut sans doute en coopérant aux recherches de Guillaume Rondelet, que Rabelais retrouva la saumure de *garum*, que les anciens employaient comme purgatif et dont la recette était perdue. Cette saumure, chantée par Horace, Ausone et Martial, était autrefois extraite des œufs de quelques poissons sans écailles. Rabelais, pour la composer, essaya de se servir d'un petit poisson de mer, nommé *picarel*, qu'on pêche en abondance sur les côtes du Languedoc, et qui, de même que la sardine et l'anchois, acquiert par la salaison un goût piquant et délicat. Ce poisson prit dès lors le nom de *garon*, à cause du *garum*, qu'on fabriqua d'après la recette inventée par Rabelais. Cette découverte gastronomique et hygiénique à la fois, que l'inventeur s'empressa de communiquer à ses amis, obtint les honneurs d'un éloge, en vers français et en vers latins, à Lyon et à Paris en même temps. Étienne Dolet et Clément Marot célébrèrent à l'envi la renaissance du *garum* (1), que Rabelais avait annoncée lui-même aux savants et aux gourmets dans cette *épigramme* adressée au docte imprimeur de Lyon :

Quod medici quondam tanti fecere priores,
   Ignotum nostris en tibi mitto Garum.
Vini addes acidi quantum vis, quantum olei vis.
   Sunt quibus est oleo plus sapidum butyrum.
Dejectam assiduis libris dum incumbis, orexim
   Nulla tibi melius pharmaca restituent,
Nulla et aqualiculi mage detergent pituitam,
   Nulla alvum poterunt solvere commodius.
Mirere id potius quantum vis dulcia sumpto
   Salsamenta Garo, nulla placere tibi.

Les vers de Clément Marot, en l'honneur de la recette du *garum*, n'ont pas été recueillis dans ses œuvres ; mais ceux de Dolet, qui en fait mention, témoignent de l'importance que les érudits et les gourmets attachèrent à la découverte de Rabelais. Voici ce que Dolet dit *de Garo salsamento* :

Tuo ingenio, Rabelœse, Garum salsamentum
Ætate ab antiquâ reductum est, jam nostris,
Marote, versibus celebretur animose,
Quando palatum, utrique nostrum tam belle
Irritat, et stomachum recreat tam odorato
Sapore. Res tam gratum non est reticenda.

(1) Voyez *Elogia Rabelœsina*, prem. part., p. 550.

Mais telle est l'instabilité des choses humaines :
le *garum* est retombé dans l'obsurité des formu-
laires pharmaceutiques, et le nom de Rabelais ne l'a
pas même sauvé de l'indifférence et de l'oubli.

Quoique Rabelais ne fût pas encore reçu docteur
(peut-être les règlements de la Faculté fixaient-ils
un délai de rigueur entre le baccalauréat et le doctorat), il était considéré comme un des professeurs
les plus savants et les plus éloquents de l'université de Montpellier. Le choix qu'on fit de lui pour
plaider la cause de l'université auprès du chancelier Duprat, prouve assez l'estime et la confiance
qu'on accordait à ce simple bachelier. Le chancelier avait porté atteinte à quelques-uns des priviléges de la Faculté de médecine de Montpellier,
sans doute pour satisfaire les prétentions rivales
de la Faculté de Paris ; de plus, il s'opposait à la
réouverture du collége de Gironne, qui avait été
fermé par suite des guerres de Louis XI et de
Charles VIII contre les rois d'Aragon, et il voulait
enlever à l'université les bâtiments et les revenus
de ce collége abandonné. Rabelais fut choisi comme
le meilleur ambassadeur qu'on pût envoyer à
Duprat, qui aimait les gens d'esprit, les beaux par-
leurs et les *bons compagnons*. Mais Rabelais, arrivé à Paris pour cette affaire, réclama inutilement
une audience du chancelier.

Ce fut alors qu'il imagina, dit-on, de s'affubler

d'un costume étrange et comique, avec une longue robe verte, un bonnet arménien, des chausses pendantes, une énorme écritoire ou *galimard* à la ceinture, et des lunettes attachées à son bonnet, ainsi qu'il a représenté Panurge dans le *Pantagruel*. Il se mit à se promener magistralement, ainsi vêtu, sur le bord de la Seine, près du couvent des Augustins (où est situé actuellement le marché de la Vallée), vis-à-vis de l'hôtel d'Hercule, où logeait le chancelier. La singularité de son habillement et de sa démarche ameuta les passants autour de lui. Le bruit de la foule, qui riait de cette mascarade et qui en attendait quelque spectacle extraordinaire, attira le chancelier à la fenêtre, et, voyant ce personnage ridicule qu'on entourait à l'envi, il lui fit demander son nom et sa condition : « Je suis l'écorcheur de veaux, » répondit Rabelais.

Cette réponse piqua davantage la curiosité de Duprat, qui voulut connaître ce qu'il venait faire à Paris ; mais, quand un page vint annoncer à Rabelais le désir du chancelier, Rabelais lui parla en latin. Le page alla chercher un gentilhomme qui comprenait le latin : Rabelais s'exprima en grec ; un autre parut, sachant le grec : Rabelais l'apostropha en espagnol ; puis en italien, puis en allemand, puis en anglais, puis en hébreu, à chaque nouvel interprète qui se présentait. Enfin Duprat

donna ordre de l'introduire, et Rabelais, laissant
de côté ces langues étrangères qui avaient si fort
embarrassé les truchements, commença en français
une harangue, adroitement préparée, dans laquelle
il exposait les motifs de sa mission. La tradition
ajoute que le chancelier fut émerveillé du savoir,
de l'éloquence et de la *gentillesse* de l'orateur, à
tel point qu'il lui accorda le maintien des priviléges
de la Faculté de médecine de Montpellier et le ré-
tablissement du collége de Gironne. On prétend que
Rabelais a consacré dans son *Pantagruel* le souvenir de la comédie des langues, qui lui avait
gagné les bonnes grâces du premier ministre de
François Ier (1).

(1) Voyez la rencontre de Panurge, qui n'est autre
que Rabelais lui-même, avec Pantagruel, l. II, ch. ix.
On a révoqué en doute la facétie que Rabelais aurait
imaginée pour pénétrer jusqu'à Duprat; mais elle n'a
rien d'invraisemblable, et elle se trouve rapportée
dans les manuscrits de Pierre Dupuy, qui a vécu à la
fin du xvie siècle et la tenait des contemporains
mêmes de Rabelais. Astruc et d'autres autorités pré-
tendent que cette histoire est fausse, les priviléges de
la Faculté de Montpellier n'ayant jamais été abolis ni
attaqués par le chancelier Duprat, ni par le parlement
de Paris; mais l'abbé Pérau, qui avait fait des recherches particulières à ce sujet, dit positivement, dans
son édition de Rabelais et dans les *Mémoires* de Nice-

Le succès de l'ambassade de Rabelais semble constaté par un usage qui s'établit dans la Faculté de Montpellier, et qui s'est perpétué jusqu'à nos jours. On conserva la robe doctorale qu'il portait à cette époque, et qui était, comme celle de tous les *clercs de médecine* ses condisciples, en drap rouge, à larges manches, avec un collet de velours noir et les initiales de son nom brodées en or (*Franciscus Rabelæsus Chinonensis*). Les bacheliers revêtaient cette robe pour passer leur cinquième examen, et ils ne la quittaient pas, sans en emporter un morceau qui avait à leurs yeux le mérite d'une relique. Cette robe révérée était devenue si courte au commencement du XVIIe siècle, qu'elle ne descendait plus qu'à la ceinture des récipiendaires. On la remplaça par une robe neuve, en 1610, mais il fallut encore la renouveler tout entière en 1720. Ce fut le vénérable François Ranchin, chancelier de la Faculté, qui le premier voulut rendre cet hommage à la mémoire de Rabelais (1).

Malgré la considération dont il jouissait à Mont-

ron, que la mission de Rabelais concernait surtout le collége de Gironne.

(1) *Mém. de la Fac. de méd. de Montpellier*, p. 329. *Notice hist., bibliogr. et crit. sur Fr. Rabelais*, par M. H. Kuhnholtz (Montpellier, Jean Martel, 1827, in-12, p. 32). M. Kuhnholtz nie l'existence des lettres F. R. C. sur le collet de cette robe.

pellier, Rabelais quitta cette ville, avant même d'y avoir été reçu docteur; mais, comme il exerçait la médecine et se qualifiait médecin, on doit supposer que rien ne manquait à son éducation médicale, et que des circonstances particulières l'avaient empêché de prendre le degré du doctorat. Dans les premiers mois de l'année 1532, il se rendit à Lyon, probablement sur les instances d'Étienne Dolet, qui lui conseillait de faire des livres et d'en publier. Plusieurs biographes ont pensé que Rabelais devint correcteur dans une imprimerie. On sait quelles connaissances étendues et variées étaient exigées d'un correcteur, dans ce temps-là, où les imprimeurs célèbres mettaient leur gloire à ne pas laisser une seule faute dans les éditions sortant de leurs presses. Les savants les plus illustres ne dédaignaient pas, à cette époque, par amour des lettres, de remplir le rôle de correcteurs d'épreuves dans les ateliers typographiques, à l'exemple des doctes prélats Campanus, évêque de Teramo, et André, évêque d'Aleria, qui avaient corrigé eux-mêmes, à Rome, les impressions de Swynheim, de Pannartz et d'Ulric Gallus. Ce serait donc dans l'imprimerie de Sébastien Gryphe, ou Gryphius, que Rabelais aurait donné ses soins à ces belles éditions grecques et latines, qui offrirent pour la première fois un *errata*, en témoignage du travail minutieux de la révision des textes.

Quoi qu'il en soit, Rabelais avoua la part qu'il avait prise à quelques éditions imprimées chez Gryphe, en les faisant précéder d'épîtres dédicatoires à ses amis. Il publia d'abord le second volume des Lettres médicales de Jean Manardi de Ferrare (le premier avait paru à Ferrare, en 1521) : *Joannis Manardi Ferrariensis Epistolarum medicinalium tomus secundus* (Lugduni ; Gryph., 1532, in-8°). L'épître dédicatoire, datée de Lyon, 3 juin, est adressée à André Tiraqueau, *judici æquissimo*. Il publia ensuite une édition revue et corrigée de la version latine des Aphorismes et de plusieurs traités d'Hippocrate et de Galien, traduits du grec par Nicolo Leoniceno, Antoine Musa, André Brentio et Copus, avec cette épigraphe en deux vers qui portent le cachet pantagruélique de l'auteur :

Hic medicæ fons est exundantissimus artis :
Hinc, mage, ni sapiat pigra lacuna, bibe !

Cette édition est intitulée : *Hippocratis ac Galeni libri aliquot, ex recognitione Francisci Rabelæsi, medici omnibus numeris absolutissimi* (Lugd., Gryph., 1532, in-16 de 447 pages, plus les Aphorismes, en grec ionique, *ex fide vetustissimi codicis*). L'épître dédicatoire, datée de Lyon, des *ides* de juillet, est adressée à l'évêque Geoffroi d'Estissac, *clarissimo doctissimoque viro*. Le travail de l'éditeur consiste en quelques courtes notes marginales, qui rectifient ce que les traductions ont de défectueux. Il publia encore, cette année-là, deux pièces apocryphes : un Testament de Lucius Cuspidius, que Pomponius Lætus avait fabriqué au xvᵉ siècle, et un Contrat de vente, que Jovien Pontanus avait fait passer pour un curieux monument de l'antiquité. Rabelais fut la dupe de cette double supercherie, qu'il ne pardonna jamais à ces auteurs, à en juger d'après les sarcasmes dont il les poursuit dans le *Pantagruel*. Son édition, tirée à deux mille exemplaires, comme il nous l'apprend lui-même dans sa préface, est intitulée : *Ex reliquiis venerandæ antiquitatis, Lucii Cuspidii Testamentum ; item Contractus venditionis, antiquis Romanorum temporibus initus* (Lugd., Gryph., 1532, in-8° de 15 p.), et dédiée, sous la date du mois de septembre 1532, à Amaury Bouchard, président du parlement et maître des requêtes, auteur de plusieurs ouvrages de philosophie écrits en latin (1).

(1) Voyez, sur l'édition de ces deux pièces supposées, une curieuse notice de Dreux Du Radier dans le *Journal de Verdun*, octobre 1756. On s'étonne qu'une édition tirée à 2,000 exemplaires soit devenue si rare. N'est-il pas supposable que Rabelais l'a retirée du commerce et détruite, en reconnaissant son erreur ?

Rabelais s'était rencontré, dans l'atelier typographique de Gryphe, avec un savant Soissonnais, nommé Hubert Sussanneau, qui y remplissait aussi l'humble emploi de correcteur. Sussanneau donnait ses soins à la révision du texte d'un Horace et de plusieurs traités de Cicéron ; il s'occupait aussi, dans ses moments perdus, d'un *Dictionarium ciceronianum*, et il composait de petites pièces de poésie latine. Ce fut Étienne Dolet qui le mit en rapport avec Rabelais ; et celui-ci rendit pleine justice à l'érudition de Sussanneau. Mais une brouille éclata entre eux, à l'occasion de l'hérésie luthérienne, que Rabelais défendait et que Sussanneau attaquait. Celui-ci avait déjà fait ses preuves de catholique orthodoxe en prenant fait et cause pour Pierre Cordonnier, prieur de la Grande-Chartreuse, dans une controverse au sujet des vœux monastiques, que condamnait le luthéranisme. Son ouvrage est intitulé : *Apologia Petri Sutoris, doctoris theologi, carthusianæ professionis, in qua quantum momenti afferant veræ spiritus libertati vota, facile perspicietur, et ea ipsa evangelicorum auctoritate firmari* (Parisiis, 1531, in-8º). Rabelais, qui avait une tendance décidée pour toutes les *nouvelletés* de la Réformation, essaya peut-être de faire de Sussanneau un prosélyte de Luther ou de Calvin. Sussanneau était, dans ce moment-là, fort amoureux d'une fille, nommée Clau-

dine Desnos, que la religion nouvelle avait singulièrement exaltée, et qui ne tarda pas à se séparer
de lui pour épouser Théodore de Bèze, par amour
de la doctrine de Jésus-Christ. Sussanneau, sur le
point de perdre sa maîtresse, lui adressait des vers
latins où il la conjurait de ne pas troubler leurs
amours par des polémiques religieuses, et il lui
disait :

Stultas, Claudia, curiositates
Mittamus levium Luthericorum.
Vivemus placide, bene et quiete.

Mais Claudine Desnos, qui se sentait férue du démon
protestant, passa bientôt dans les bras de Théodore de Bèze, et Sussanneau, en restant bon catholique, se vit exposé aux sarcasmes de Rabelais,
qui ne l'oublia pas dans le Catalogue burlesque de
la bibliothèque de Saint-Victor, où l'on remarque
ce titre de livre : *Sutoris adversus quemdam qui
vocaverat eum fripponatorem, et quod frippo-
natores non sunt damnati ab Ecclesia.*

Rabelais, durant les premiers temps de son séjour à Lyon, paraît avoir discontinué ses études
médicales pour se livrer plus exclusivement à la
culture des langues grecque et latine. Il entretenait
un fréquent commerce épistolaire avec les savants
et les personnages les plus distingués. Une seule de

ses *épîtres* a été recueillie. Elle nous apprend
combien étaient honorables ces relations littéraires, combien éclairés ces jugements sur les écrivains anciens et modernes, combien élégant ce
langage emprunté aux beaux siècles de la Grèce et
de Rome; elle nous fait regretter davantage la
perte des correspondances de Rabelais avec Salignac, Tiraqueau, Bouchard, Budé et Dolet. Bar-
thélemy Salignac, gentilhomme berruyer, à qui la
lettre est adressée, n'était pas étranger à l'éducation classique de Rabelais : il avait, suivant une
superbe expression de cette lettre, prêté les chastes
mamelles de son divin savoir aux lèvres avides
de son jeune nourrisson (1).

Georgius ab Arminiaco, Rutenensis episcopus
clarissimus, nuper ad me misit Φλαουίου Ιωσήφου
ιστορίαν Ιουδαϊκήν περὶ ἁλώσεος, rogavitque, pro
vetere nostra amicitia, ut si quando hominem
ἀξιόπιστον nactus essem qui istuc proficisceretur,
eam tibi prima quaque occasione reddendam cura-
rem. Lubens itaque ansam hanc arripui, et occa-
sionem tibi, pater mi humanissime, grato aliquo
officio indicandi, quo te animo, qua te pietate cole-

(1) Cette lettre se trouve dans les *Clarorum virorum Epistolæ centum ineditæ, de vario eruditionis
genere, ex museo Johannis Brant.* Amst., 1702, in-8°,
p. 280.

rem. Patrem te dixi, matrem etiam dicerem, si per indulgentiam mihi id tuam liceret. Quod enim utero gerentibus usui venire quotidie experimur, ut quos nunquam viderunt fœtus alant, ab aerisque ambientis incommodis tueantur, αὐτὸ τοῦτο σύγ᾽ ἔπαθες, qui me tibi de facie ignotum, nomine etiam ignobilem sic educasti, sic castissimis divinæ tuæ doctrinæ uberibus usque aluisti, ut quidquid sum et valeo, tibi id uni acceptum, ni feram, hominum omnium qui sunt, aut aliis erunt in annis, ingratissimus sim. Salve itaque etiam atque etiam, pater amantissime, pater decusque patriæ, litterarum adsertor ἀλεξίκακος, veritatis propugnator invictissime.

Nuper rescivi ex Hilario Berthulpho, quo hic utor familiarissime, te nescio quid moliri adversus calumnias Hieronymi Aleandri, quem suspicaris sub persona factitii cujusdam Scaligeri, adversum te scripsisse. Non patior te diutius animi pendere, atque hac tua suspicione falli. Nam Scaliger ipse Veronensis est, ex illa Scaligerorum exsulum familia, exsul et ipse. Nunc vero medicum agit apud Agennates. Vir mihi bene notus οὐ, μὰ τὸν δἰ εὐδο-κιμάσθεις, ἔστι τοίνυν διάβολος ἐκεῖνος ὡς συνέλοντι φάναι τὰ μὲν ἰατρικὰ, οὐκ ἀνεπιστήμων, τ᾽ἄλλα δὲ παντὶ παντῶς ἄθεος, ὡς οὐκ ἄλλος πώποτ᾽ οὐδεὶς. Ejus librum nondum videre contigit, nec huc tot jam mensibus delatum est exemplar ullum; atque adeo suppressum puto ab iis qui Luteliæ bene tibi volunt. Vale, καὶ εὐτύχων δίατε.

Lugduni, pridie calend. decemb. 1532.

Tuus quatenus suus.

FR. RABELÆSIUS (1).

Dans le même temps où Rabelais paraissait absorbé par des travaux de haute et sévère littérature, il mit au jour un ouvrage d'un genre bien différent; car on ne peut douter que la première édition ou plutôt la première version du roman de *Gargantua* n'ait été publiée au plus tard vers la fin de l'année 1532. Pourquoi ne pas adopter ce que la tradition nous raconte sur l'origine des ouvrages facétieux de Rabelais? Son édition des Aphorismes et traités d'Hippocrate et de Galien n'avait eu aucun succès, et le libraire se plaignait amèrement de n'avoir pas vendu assez d'exemplaires pour s'indemniser de ses dépenses. « Par Jupiter, par le Styx, par le nom que je porte! s'écria l'éditeur indigné de l'ingratitude et de la légèreté du public, je vous dédommagerai bien de cette

(1) Il est remarquable que Rabelais traduit son nom en latin, de diverses façons, selon l'étymologie qu'il lui suppose : *Rabelæsus, Rabelæsius, Rablæsius, Rablesus*, etc.

perte, et je vous jure bien que Rabelais, qui est à peine connu de quelques-uns aujourd'hui, passera bientôt dans toutes les bouches et par toutes les mains, de telle sorte que sa réputation ne brillera pas moins dans les pays étrangers (1). » Il tint parole, et peu de jours après il apporta au libraire la *Chronique Gargantuine*, dont *il a été plus vendu par les imprimeurs en deux mois, qu'il ne sera acheté de Bibles en neuf ans* (Prolog. du *Pantagruel*).

Cette *Chronique Gargantuine* est évidemment celle qui parut à Lyon, sous ce titre : *Les grandes et inestimables Chroniques du grand et énorme géant Gargantua, contenant la généalogie, la grandeur et force de son corps, aussi les merveilleux faictz d'armes qu'il fist pour le roy Artus, comme verrez cy-après, imprimé nouvellement*, 1532 (petit in-4° de 16 feuill. à longues lignes goth.). Ce livre, qui porte l'empreinte du genre d'esprit, sinon du talent de Rabelais, doit être considéré comme le germe du *Gargantua*, tel qu'il fut refait et publié en dernier lieu, sous le pseudonyme d'*Alcofribas Nasier*; il répond aussi à la manière dont il a été composé : « Car, dit Rabelais (dans le Prologue du premier livre), à la composition de ce livre seigneurial, je ne perdis ne

---

(1) *Elogia Rabelæsina*, 2ᵉ part., p. 8.

employay onc plus ny autre temps que celluy qui estoit estably à prendre ma réfection corporelle, sçavoir en buvant et mangeant. » Rabelais, dans cette première version du *Gargantua*, a eu évidemment l'intention de se moquer des romans de chevalerie, qui avaient, sous l'influence des mœurs chevaleresques de la cour de François 1er, accaparé toutes les sympathies des lecteurs.

Voici l'analyse de la *Chronique Gargantuine*, qui n'a été signalée à l'attention des bibliographes que depuis peu d'années (1) :

L'enchanteur Merlin, toujours empressé de rendre service au roi Artus, dont il est le plus intime conseiller, cherche à prémunir ce prince contre l'entreprise des ennemis qui doivent un jour fondre sur lui avec des armées nombreuses. Or, il imagine de le transporter sur une haute montagne d'Orient, « et avec luy emporta une empolle (am-« poule, vase) laquelle estoit pleine du sang de

(1) Voyez l'excellente *Notice sur deux anciens romans intitulés les Chroniques de Gargantua, où l'on examine les rapports qui existent entre ces deux ouvrages et le Gargantua de Rabelais, et si la première de ces Chroniques n'est pas aussi de l'auteur du Pantagruel ?* par M. Brunet. Paris, Silvestre, 1854, in-8°, tiré à petit nombre. Nous empruntons, presque mot à mot, ces analyses à la dissertation de notre premier bibliographe.

« Lancelot du Lac, qu'il avoit recueilly de ses
« plaies, après qu'il avoit tournoyé ou combattu
« contre aucun chevalier. Outre plus, porta la
« rognure des ongles des doigts de la belle reine
« Genièvre, épouse du noble roi Artus, qui pe-
« soient environ cinq livres. » Parvenu sur cette
montagne, il se fait apporter les os d'une baleine
mâle et ceux d'une baleine femelle, et, par la force
de ses enchantements, il en tire un homme et une
femme, qu'il nomme *Grand-Gosier* et *Galemelle*.
De ce couple géant devait naître le héros du roman ; mais, en attendant sa naissance, Merlin a
soin de procurer aux deux époux une grande jument, *si puissante, qu'elle pouvoit bien porter
les deux aussi facilement que fait un cheval de
dix escus un simple homme.* Lorsque l'enfant fut
né, son père, le voyant si beau, *adonc le nomma
Gargantua (lequel est un verbe grec), qui vaut
autant à dire: Tu es un beau fils.* Plus tard, quand
il fut âgé de sept ans, ses père et mère songèrent à le
conduire à la cour du roi Artus, selon le conseil de
Merlin. « Tant a fait Grand-Gosier et sa compagne,
« qu'ils sont arrivez à Rome, et de là sont venus
« en Allemagne, en Suisse et au pays de Lorraine
« et de la Grand'Champagne, où il y avoit, pour ce
« temps-là, de grands bois... Quand la grand'ju-
« ment fut dedans les forests de Champagne, les
« mouches se prindrent à la piquer au cul. Ladite

« jument, qui avoit la queue de deux cents brasses
« et grosse à l'avenant, se print à esmoucher, et
« alors vous eussiez vu tomber ces gros chesnes
« menu comme gresle, et tant continua ladite
« beste, qu'il n'y demoura arbre debout, que tout
« ne fut rué par terre, et autant en fit en la Beauce;
« car à présent il n'y a nul bois... » Avant de passer la Manche, ils s'arrêtèrent en Bretagne, pour
jeter dans la mer deux gros rochers qui furent ap-
pelés Mont-Saint-Michel et Tombelaine. Mais ils
tombèrent malades et moururent, *faute d'une
purgation*. Gargantua, pour se consoler de la
mort de Grand-Gosier et de Galemelle, fit un
voyage à Paris. « Puis, va entrer en la ville et s'alla
« asseoir sur une des tours de Nostre-Dame; mais
« les jambes lui pendoient jusqu'à la rivière de
« Seine, et regardoit les cloches de l'une et puis
« de l'autre, et se print à branler les deux qui sont
« en la grosse tour, lesquelles sont tenues les plus
« grosses de France. Adonc vous eussiez vu venir
« les Parisiens touts à la foule, qui le regardoient
« et se moquoient de ce qu'il étoit si grand. Lors,
« pensa qu'il emporteroit ces deux cloches et qu'il
« les pendroit au cou de sa jument, ainsi qu'il
« avoit vu des sonnettes au col des mules. Adonc
« s'en part et les emporte. Qui furent marris, ce
« furent les Parisiens, car de force ne falloit point
« user contre luy. Lors se mirent en conseil, et

« fut dit que l'on iroit le supplier qu'il les rappor-
« tast et mist en leur place où il les avoit prinses
« et qu'il s'en allast sans plus revenir, et luy don-
« nèrent trois cents bœufs et deux cents moutons
« pour son disner : ce que accorda Gargantua ;
« puis s'en alla ledit Gargantua sur le rivage de
« la mer. » Là, il trouva Merlin, qui le conduisit,
sur une nuée, en Angleterre. Le roi Artus venait de
perdre deux batailles, en une seule semaine, contre les Gos et les Magos. Gargantua, armé d'une
massue que Merlin lui avait fabriquée, combattit
les ennemis et les força de demander merci. Artus
reçut à Londres le vainqueur, et lui donna un
grand repas, où l'on servit les jambons de quatre
cents pourceaux ; ensuite il chargea son maître
d'hôtel de faire habiller de neuf Gargantua qui
fut fourni de chemise, et de tous autres veste-
ments. « Puis, fut levé par le commandement du
« maître d'hostel huit cent aunes de toile pour
« faire une chemise audict Gargantua, et cent pour
« faire les coussons, en sorte de carreaux, les-
« quels sont mis sous les aisselles. » Cependant
le roi Artus eut une nouvelle guerre à soutenir
contre les Hollandais et les Irlandais. Ce fut encore
Gargantua qui lui servit d'auxiliaire et qui exécuta
de merveilleux faits d'armes : dans une dernière
bataille contre les ennemis, il en tua *cent mille*
deux cent et dix justement, et vingt qui fai-

soient les morts sous les aultres. Après avoir fait
prisonniers le roi et les barons du pays, au nombre de cinquante, il les mit tous dans une dent
creuse qu'il avait. Restait un géant de douze cou-
dées de haut, venu au secours des Gos et Magos : Gargantua le saisit, *et luy plia les reins en
la forme et manière que l'on plieroit une douzaine d'aiguilettes, et le mit en sa gibecière et le
porta tout mort en la cour du roi Artus.* Gargantua demeura auprès d'*Artus* pendant *deux
cents ans trois mois et quatre jours justement;*
puis il fut ravi au pays des fées par Morgane et
Mélusine.

On trouve, dans cette ébauche primitive, outre
les hyperboles comiques qui appartiennent au
genre de Rabelais, l'épisode des cloches et le type
de la grande jument, qui reparaissent encore dans
la troisième version du *Gargantua;* car l'auteur,
encouragé par le succès inespéré de cette facétie,
et la voyant reproduite dans plusieurs contrefa-
çons qui se débitaient sans doute à un très-grand
nombre d'exemplaires, donna lui-même une seconde édition fort augmentée de son livre, sous
ce titre : *Les Chroniques admirables du puis-
sant roy Gargantua, ensemble comme il eut
à femme la fille du roy de Utopie, nommée
Badebec, de laquelle il eut un fils nommé
Pantagruel, lequel fut roy des Dipsodes et des*

Amaurottes, et comment il mist à fin ung geant nommé Gallimassue (1) (sans indication de lieu ni de date, in-8° de 68 fol. goth.). Dans cette seconde édition, qui diffère de la première par une foule d'additions à la manière de Rabelais, il est impossible de ne pas reconnaître les éléments encore vagues et incomplets du *Gargantua* et du *Pantagruel*. Ce fut probablement l'immense vogue de ces histoires de géants, qui décida Rabelais à perfectionner un genre qu'il avait créé, et à composer, sous la forme d'un roman bouffon et extravagant, un chef-d'œuvre de malice, de bon sens, d'esprit et d'érudition.

« Très illustres et très chevaleureux champions, gentilshommes et autres qui volontiers vous adonnez à toutes gentillesses et honnestetez, dit-il dans le Prologue du *Pantagruel*, vous avez naguère vu, lu et su *les grandes et inestimables Chroniques de l'énorme géant Gargantua*, et comme vrais

(1) M. Brunet regarde cette *amplification* de la *Chronique Gargantuine* comme l'ouvrage d'un plagiaire ; mais nous croyons plutôt que Rabelais en est aussi l'auteur, puisqu'elle parut avant la première édition du *Pantagruel*, et qu'elle renferme beaucoup de faits qui sont développés dans le *Pantagruel*, où Rabelais a fait entrer Badebec, les Dipsodes, les Amaurottes, le royaume d'Utopie, etc. Il n'y a que le géant Gallimassue qui n'y a plus trouvé sa place.

fidèles, les avez crues galantement... et à la mienne volonté qu'un chascun laissast sa propre besogne, ne se souciast de son mestier et mist ses affaires propres en oubly pour y vacquer entièrement... Et le monde a bien connu, par expérience infaillible, le grand émolument et utilité qui venoit de ladicte *Chronique Gargantuine;* car il en a été plus vendu par les imprimeurs en deux mois, qu'il ne sera acheté de Bibles en neuf ans. Voulant donc (moy, vostre humble esclave) accroistre vos passe-temps davantage, vous offre de présent un aultre livre de mesme billon, sinon qu'il est un peu plus équitable et digne de foy que n'estoit l'aultre. » Ce livre, qui parut au commencement de l'année 1533, est intitulé : PANTAGRUEL : *les horribles et espo-ventables faictz et prouesses du très renommé Pantagruel, roy des Dipsodes, filz du grand géant Gargantua. Composez nouvellement par maistre Alcofribas Nasier. (On les vend à Lyon en la maison de Claude Nourry, dict le Prince, près Notre-Dame de Confort;* sans date, petit in-4° de 64 fol. à longues lignes goth.) (1). Rabelais avait jugé ce livre digne de porter son nom en ana-

(1.) Cette première édition du *Pantagruel* était in-connue des bibliographes avant la vente des livres de MM. Debure, en 1834. Voyez la notice de M. Brunet, page 18.

gramme; il n'était pas éloigné de l'avouer tout à fait, lorsqu'il vit l'enthousiasme et l'admiration des lecteurs chercher à découvrir quel pouvait être le satirique, le grammairien, le savant, le génie enfin, caché sous le pseudonyme d'*Alcofribas Nasier*.

Ce livre eut une telle vogue à son apparition, qu'on en fit au moins trois éditions différentes à Lyon dans le courant de l'année 1533 : l'une d'ell. s, publiée par François Juste, semble être la seule à laquelle Rabelais ait eu part ; et, pour la distinguer des autres, il ajouta sur le titre : *Augmenté et corrigé fraischement par maistre Jean Lunel, docteur en théologie* (1). Ce fut pour faire suite à cette édition in-8°, qu'il donna la *Pantagrueline Prognostication, certaine, véritable et infaillible, pour l'an mil* DXXXIIj, *nouvellement composée au profit et advisement des gens estourdis et musars de nature, par maistre Alcofribas, architriclin dudict Pantagruel.* (Sans lieu ni date, petit in-8° de 8 ff. goth.) Le Duchat prétend que c'est une imitation d'une satire du même genre, écrite d'abord en allemand, et traduite depuis en latin par Jacques Henrichman, qui lui donna place parmi les Facéties de Henri Bebelius. Quoi qu'il en soit, cette plaisanterie, dirigée contre l'astrologie

(1) Voyez les *Nouvelles Recherches bibliographiques* de M. Brunet, à l'article RABELAIS.

judiciaire et l'ignorance des gens qui y ajoutaient foi, partagea le succès du *Pantagruel* et fut plusieurs fois réimprimée. On suppose que le titre de la *Prognostication* trompa la plupart des acheteurs, qui croyaient y trouver des prophéties, et que Rabelais, malgré son aversion pour les impostures des fous et des charlatans, se vit obligé, par suite de la vente extraordinaire de cette pièce, de se poser aussi en astrologue et de justifier la réputation qu'il s'était faite dans les sciences célestes, sans le vouloir. Il persista pourtant à proclamer la fausseté des prédictions astrologiques, dans son *Almanach pour l'année* 1533, *calculé sur le méridional de la noble cité de Lyon et sur le climat du royaulme de France, composé par François Rabelais, docteur en médecine et professeur en astrologie.*

Antoine Le Roy, dans ses *Elogia Rabelæsina*, a cité un chapitre remarquable, extrait de l'*Almanach pour l'année* 1533, qu'il avait entre les mains et dont l'existence a été pourtant mise en doute par plusieurs bibliographes ; ce chapitre, intitulé *la Disposition de cette présente année* 1533, est empreint d'une haute philosophie et même d'une sorte de résignation chrétienne puisée dans la lecture des livres saints : « Par ce que je vois entre tous gens savans la prognostique et judiciaire partie de astrologie estre blasmée, tant pour

la vanité de ceux qui en ont traicté, que pour la
frustration annuelle de leurs promesses, je me dé-
porteray, pour le présent, de vous en narrer ce
que j'en trouvois par les calculs de C. Ptolemée et
aultres, etc. J'ose bien dire, considerées les fre-
quentes conjonctions de la Lune avec Mars et Saturne, etc., que, ledict an, au moys de may, il ne
peut estre qu'il n'y ait notable mutation, tant des
royaumes que de religions, laquelle est machinée
par convenance de Mercure avec Saturne, etc.
Mais ce sont secrets du conseil estroict du Roy
éternel, qui tout ce qui est et qui se fait modère à
son franc arbitre et bon plaisir, lesquels vaut mieux
taire et les adorer en silence, comme est dict,
Tob. XII : *C'est bien faict de receler le secret du
roy*, et David le prophete, *Psalm.* CXIII, selon la
lettre chaldaïque : *Seigneur Dieu, silence t'appartient en Sion*, et la raison il dict, *Psalm.* XVII :
Car il a mis sa retraicté en tenèbres. Donc, en
tous cas, il nous convient humblement humilier
et prier, ainsi que nous a enseigné Jésus-Christ
Nostre Seigneur : *Que soit faict, non ce que nous
souhaitons et demandons, mais ce que luy plaist
et qu'il a establi, devant que les cieulx feussent
formez.* Seulement, que, en tout et partout, *son
glorieux nom soit sanctifié.* Remettons-le par
dessus à ce que en est escript és éphémérides éter-
nelles, lesquelles n'est licite à l'homme mortel

traicter ou congnoistre, comme est protesté. *A. A. Ce n'est pas à nous de congnoître les temps et moment que le Père a mis en sa puissance.* Et à cette témérité est la peine interinée par le sage Salomon, *Prov.* xxv : *Qui est précurseur de sa majesté sera opprimé de la mesme.* » Cet Almanach, qui s'adressait plus particulièrement aux partisans et aux adeptes secrets de la Réformation, et qui, à cause de ces citations empruntées aux Écritures, prenait un caractère presque religieux, eut tant de vogue et de succès (cependant pas un seul exemplaire n'en est venu jusqu'à nous), que Rabelais fut encouragé à composer chaque année un Almanach, du même genre, qui paraissait à Lyon, tous les ans, chez son premier éditeur, François Juste, *demeurant devant Nostre-Dame de Confort.* Il est presque certain que la collection des Almanachs de Rabelais, antérieure à celle des almanachs de Matthieu Laensberg, comprendrait, si nous la possédions, un intervalle de 20 à 22 années consécutives, depuis 1533 jusqu'à 1553, époque de sa mort.

Le premier livre du *Pantagruel*, qui est le second de l'œuvre de Rabelais, se ressent malheureusement du voisinage des Chroniques *admirables* du géant Gargantua : la guerre de Pantagruel contre les Dipsodes n'est pas beaucoup supérieure à la guerre de Gargantua contre les Gos et les Magos, les Hollandais et les Irlandais : il y a des chapitres entiers qui pourraient être retranchés sans nuire à l'ouvrage, et l'on renverrait volontiers à l'ancien *Gargantua* la défaite des trois cents géants, armés de pierre de taille ; la guérison d'Epistémon, qui avait la tête coupée ; le curage de l'estomac de Pantagruel, etc. Mais les détails de la naissance, de l'enfance et de l'éducation de Pantagruel sont écrits de main de maître, et l'on trouve la raison la plus élevée et la plus lumineuse au milieu des extravagances les plus plates et des allégories les plus abstraites : Rabelais avait enterré des perles dans du fumier. Voilà pourquoi le livre plut à tout le monde, excepté aux moines et aux docteurs de Sorbonne, qu'il attaquait ouvertement : les lecteurs frivoles n'y virent que des récits facétieux et des événements fantastiques ; les lecteurs graves et instruits y découvrirent un sens profond, et y admirèrent, parmi les jeux d'une bouffonne imagination, *un Démocrite riant les faits de nostre vie humaine*, comme l'avait annoncé Hugues Salel dans le dixain préliminaire à l'Auteur.

L'évêque de Paris, Jean Du Bellay, qui revenait d'Angleterre, où il était ambassadeur de France, pour aller à la cour de Rome, avec les mêmes pouvoirs sans le même titre, afin de travailler à la réconciliation de Henri VIII et de l'Église, retrouva Rabelais, en passant par Lyon, et lui offrit de l'emmener en qualité de médecin. Rabelais accepta cette offre avec joie, et partit, au mois de janvier 1534. Jean Du Bellay, qui n'était pas seulement un politique habile, un orateur éloquent et un poëte latin comparable à ceux de l'antiquité, mais qui se sentait secrètement porté vers les doctrines philosophiques qu'on voyait poindre à travers la Réforme, n'avait pas manqué de goûter le *Pantagruel*, aussitôt que le premier livre de cet ouvrage lui tomba entre les mains, et son admiration ne fit que s'accroître à mesure que Rabelais y ajoutait un livre nouveau. Cette admiration, ce nous semble, s'adressait moins encore à l'inépuisable gaîté des détails et aux merveilleux caprices du style, qu'à la tendance supérieure des idées et à la nouveauté des points de vue moraux; car, en ce même temps, Jean Du Bellay, tout évêque de Paris qu'il était, correspondait ouvertement avec Mélanchton, et, comme pour mieux témoigner son estime pour ce grand-réformateur, il signait les lettres qu'il lui écrivait : *Tuus ex animo* (1).

Rabelais, dès sa jeunesse, avait souhaité visiter l'Italie et surtout la ville de Rome : ce beau voyage, qu'il allait faire en compagnie d'un ancien condis-

(1) *Eloges des Hommes savants*, traduits de l'Hist. du président de Thou, avec des remarques par Teissier, édit. de 1715, t. II, p. 7.

ciple qui sympathisait si bien avec lui dans toutes
les questions de philosophie, de littérature et de
science, ce voyage, durant lequel il n'aurait pas
à s'occuper de pourvoir à ses dépenses de route
et de séjour, ce voyage, qu'il paraît même avoir
entrepris avec l'autorisation spéciale de François Ier (1), ce voyage était bien fait pour exciter
son intérêt et sa curiosité : il se proposait de se mettre en rapport avec les savants dans chaque ville
d'Italie où il passerait; il s'était promis de recueillir une foule d'observations précieuses sur les
plantes, les animaux et les substances pharmaceutiques, dont la France était privée, disait-on ;
enfin, il voulait employer la plume et le crayon
pour faire une description topographique de la
ville de Rome. Il éprouva plus d'une déception :
son passage dans les villes fut trop rapide pour
qu'il pût lier connaissance avec les hommes érudits qui s'y trouvaient; il ne rencontra en Italie
ni plantes ni animaux qu'il n'eût déjà observés en
France : il ne vit qu'un seul platane à la Rizzia.
Arrivé dans la capitale du monde chrétien, il consacra tout le temps que lui laissaient les affaires

(1) Comme c'est un ordre du roi qui le fit revenir,
on peut supposer qu'un ordre du roi l'avait fait partir.
Clara principis patriæque voce revocatus, dit-il dans
l'épitre dédicatoire citée ci-après.

de l'ambassade à étudier les monuments et les débris de Rome antique, presque toujours accompagnant son maître, qui n'était pas moins curieux d'archéologie que lui-même, et qui avait acheté une vigne pour y faire des fouilles. L'ambassadeur lui avait adjoint deux jeunes gens de sa maison, Nicolas Le Roi et Claude Chapuis, qui l'aidaient à lever des plans, à dessiner des antiquités et à rassembler des notes; mais Rabelais s'arrêta au milieu de son travail, en apprenant qu'un antiquaire milanais, Barthélemi Marliani, avait mis sous presse une topographie de l'ancienne Rome (1).

Il ne faut ni adopter ni rejeter aveuglément ce que la tradition rapporte des facéties de Rabelais devant le pape. Clément VII aimait à rire et n'était pas trop sévère sur la nature des plaisanteries, souvent licencieuses, qu'il provoquait lui-même. Brantôme a recueilli les incroyables demandes que mademoiselle de Tallard, une des filles d'honneur de la reine de France, se permit d'adresser à ce pape, lors de l'entrevue de Clément VII et de François Ier à Marseille en 1533. Rabelais serait donc encore resté bien loin de mademoiselle de Tallard,

(1) Tous ces détails sont consignés dans l'épître dédicatoire de Rabelais, à Jean Du Bellay, placée au-devant de l'ouvrage de Marliani, dans l'édition de Lyon.

6

en admettant même qu'il eût tenu au saint père
les propos qu'on lui prête; mais, dans tous les cas,
il ne les tint pas dans l'audience solennelle où
l'ambassadeur harangua Clément VII. Il assistait
pourtant à cette audience mémorable, dans laquelle
Jean Du Bellay, en présence du sacré Collége et de
tous les prélats de la cour de Rome, prononça ce
magnifique discours, qui le fit appeler la *fleur
choisie des Gaules* (1).

Ce fut donc dans une audience particulière que,
voyant l'ambassadeur baiser la mule du pape, il se
retira derrière un pilier, en disant à son voisin :
« Si mon maître, qui est un grand seigneur, baise
les pieds du saint père le pape, que faudra-t-il
donc que je lui baise, moi qui ne suis qu'un petit
personnage ? » Il a répété cette facétie, dans son
Pantagruel, liv. IV, ch. XLVIII : « Adonc (les Pa-
« pimanes) s'agenouillèrent devant nous et nous
« vouloient baiser les pieds; ce que ne leur vou-

(1) Voyez l'épître dédicatoire déjà citée : « Quæ nos
tum jucunditas perfudit, quo gaudio elati, qua sumus
affecti lætitia, cum te dicentem spectaremus, stupente
sumno ipso pontifice Clemente, mirantibus purpuratis
illic amplissimi ordinis judicibus, cunctis plaudenti-
bus... Animadverti equidem sæpe numero virorum
illic quidquid erat naris emunctioris vocare te *Gallia-
rum florem delibatum* (quemadmodum est apud
Ennium)... »

« lûmes permettre, leur remontrant que au pape,
« si là, de fortune, en propre personne venoit, ils
« ne sauroient faire davantage. — Si ferions, si,
« répondirent-ils. Cela est entre nous jà résolu.
« Nous lui baiserions le cul sans feuille et les... »
Rabelais, effrayé d'avoir parlé si légèrement de la
pantoufle du pape, sort de la salle, saute sur un
cheval qu'il rencontre, et le lance au galop, malgré
un orage terrible qui éclate avec des torrents de
pluie; on lui crie d'arrêter, on l'invite à se mettre
à l'abri, jusqu'à ce que l'orage soit passé. « J'aime
mieux être mouillé que d'être brûlé, répondit-il.
Je crains moins la pluie que le feu. » Enfin, l'ambassadeur envoie quelqu'un de sa suite, qui le
ramène au Vatican, en l'assurant que le pape ne
lui veut pas de mal de son irrévérente boutade.
Rabelais reparaît devant Clément VII, qui l'ac-
cueille avec bonté, et qui s'engage à lui accorder
tout ce qu'il demandera. Rabelais demande à être
excommunié. Étonnement du pape et des assistants. Rabelais explique ainsi le motif de cette
étrange requête : « Saint père, je suis Français
et d'une petite ville nommée Chinon, qu'on tient
être fort sujette au fagot; on y a déjà brûlé quan-
tité de gens de bien et de mes parents; or, si Votre
Sainteté m'excommuniait, je ne brûlerais jamais,
et voici ma raison : En venant à Rome, nous nous
sommes arrêtés, à cause du froid, dans une mé-

chante petite maison de la Tarentaise ; une vieille
femme, s'étant mise en devoir de nous allumer un
fagot et n'ayant pu en venir à bout, s'est écriée
qu'il fallait que ce fagot fût excommunié de la propre
gueule du pape, puisqu'il ne voulait pas brûler. »
Ces bouffonneries, et d'autres sans doute moins
grossières, ne déplurent pas à Clément VII (1).

Rabelais, après être resté à peine six mois à
Rome où il eut encore le temps d'apprendre l'arabe,
que lui enseigna un évêque de Céramith (2), fut

---

(1) Ces anecdotes, accréditées par la tradition, sont
narrées, avec quelques autres, dans les *Particularités
sur la vie de Rabelais*, qui paraissent extraites des
manuscrits de Dupuy, et qui ont été imprimées dans
beaucoup d'éditions de Rabelais. Nous avons laissé de
côté, toutefois, l'insignifiante réponse de Rabelais
habillé en courrier.

(2) Voyez l'article RABELAIS, dans la dernière édition
du Dictionnaire de Moreri. Ce fait, qui n'est rapporté
par aucun autre biographe de Rabelais, a été tiré probablement de la *Briefve déclaration d'aulcunes dictions plus obscures*, petit glossaire que l'on ne peut
attribuer qu'à l'auteur même du *Quart livre*, à la suite
duquel il a paru. On y lit, au mot *caladupes* : «L'évêque
de Caramith, celluy qui en Rome fût mon premier
précepteur en langue arabique, m'a dict que l'on oyt
ce bruyt (le bruit des cataractes du Nil) à plus de troys
journées loing, qui est autant que de Paris à Tours. »

rappelé en France, *clara principis patriæque voce*, dit-il. Peut-être allait-il porter au roi quelque communication importante de l'ambassadeur. On raconte qu'en arrivant à Lyon, il fut forcé de s'arrêter dans une hôtellerie, faute d'argent pour continuer sa route, et comme il ne voulait pas se faire connaître, de peur de compromettre le secret de sa mission, il imagina un singulier stratagème, pour sortir de cet embarras, qui a passé en proverbe sous le nom de *quart d'heure de Rabelais*. Il s'était déguisé de manière à n'être reconnu de personne, et il fit avertir les principaux médecins de la ville, qu'un docteur de distinction, au retour de longs voyages, souhaitait leur faire part de ses observations : la curiosité lui amena un nombreux auditoire, devant lequel il se présenta vêtu singulièrement. Il parla longtemps, en contrefaisant sa voix, sur les questions les plus ardues de la médecine. On l'écoutait avec stupéfaction. Tout à coup il se recueille, prend un air mystérieux, ferme lui-même toutes les portes, et annonce aux assistants qu'il va leur révéler son secret. L'attention redouble : « Voici, leur dit-il, un poison très-subtil (*boucon*) que je suis allé chercher en Italie, pour vous délivrer du roi et de ses enfants. Oui, je le destine à ce tyran, qui boit le sang du peuple et dévore la France. » A ces mots, on se regarde en silence, on se lève, on se retire. Rabelais est abandonné de tous. Puis, peu d'instants après, les magistrats font cerner l'hôtellerie; on se saisit du prétendu empoisonneur, on l'enferme dans une litière et on l'emmène sous bonne escorte. Pendant le chemin, il est hébergé aux frais de la ville; on le traite même *magnifiquement*, comme un prisonnier de distinction; il arrive enfin à sa destination, frais et dispos. François Ier est prévenu de l'arrestation d'un grand criminel; il veut le voir : on conduit devant lui Rabelais, qui a repris son visage et sa voix ordinaires. François Ier sourit en l'apercevant : C'est bien fait à vous! dit-il, en se tournant vers les notables de Lyon, qui avaient suivi leur capture; ce m'est une preuve que vous n'avez pas peu de sollicitude pour la conservation de notre vie; mais je n'avais jamais soupçonné d'une méchante entreprise le bonhomme Rabelais. » Là-dessus, il congédie très-gracieusement les Lyonnais confondus, et retient à souper Rabelais, qui but largement à la santé du roi et à la bonne ville de Lyon (1).

(1) Le récit d'Antoine Le Roy, que j'ai suivi, me semble plus probable que celui où l'on voit Rabelais faire de petits paquets de cendre, qu'il intitule : *Poison pour le roi, poison pour le dauphin*, etc. Le Roy place cette anecdote en 1536, à l'époque même de l'empoisonnement du dauphin par Montécuculli, ce qui n'a pas la moindre vraisemblance.

Rabelais retourna bientôt à Lyon, qu'il appelle
le siége de ses études (*ubi sedes est studiorum
meorum*), et il reprit ses travaux d'érudition avec
la même ardeur qu'avant son départ pour l'Italie.
Il venait de recevoir, par les soins de son ami
Jean Sevin, comme lui *domestique* de Jean Du
Bellay, un exemplaire de l'ouvrage archéologique
de Marliani, nouvellement imprimé à Rome; il
fut satisfait de cet ouvrage, quoiqu'il n'en approu-
vât pas la division; et, jugeant dès lors inutile
d'achever un livre qu'il avait commencé sur le même
sujet, il se chargea seulement de réimprimer,
chez Sébastien Gryphe : *Joannis Bartholomæi
Marliani Mediolanensis Topographia antiquæ
Romæ*, avec un très-petit nombre de corrections.
La dédicace, qu'il adressait à Jean Du Bellay, *clarissimo doctissimoque viro*, comme un hommage
public de reconnaissance, d'attachement et d'admiration, est datée de Lyon, 31 août 1534.

La réputation littéraire et scientifique de Rabelais était déjà assez bien établie à Lyon pour qu'on
lui pardonnât sa comédie du poison et son *apostasie*, qui paraît avoir été un obstacle sérieux à sa
fortune médicale : il fut nommé médecin du Grand-
Hôpital (1), et, en cette qualité, il fit des cours

___

(1) C'est le titre qu'il prend sur son Almanach pour
l'année 1535.

publics d'anatomie qui ajoutèrent à sa renommée. Dans une séance solennelle qui avait attiré une foule considérable, il disséqua le cadavre d'un criminel qu'on avait pendu la veille, et il expliqua éloquemment la structure interne du corps humain (1). Cependant, comme Rabelais s'était absenté de Lyon plusieurs fois sans congé, comme

(1) Ét. Dolet, dans ses poésies latines, adresse à Rabelais une pièce de vers (*De medico quodam indocto*, libro I, carmine 66,) contre un médecin qui, dans ses démonstrations inintelligibles sur un cadavre, semblait aussi muet que le cadavre lui-même. Dans une autre pièce, il fait parler ainsi le Pendu, disséqué par Rabelais :

> Spectaculo lato expositus,
> Secor : medicus doctissimus planum facit
> Quam pulchrè et affabrè ordinèque
> Fabricata corpus est hominis rerum Parens...
>
> ..... Totus ad extremum cumulor
> Honoribus, circumfluoque
> Jam gloria, quem monstrum atrox voluit rapidis
> Corvis cibum esse et flantibus
> Ludibrium ventis. Furat sors, jam furat :
> Honoribus circumfluo.

Voici le titre de cette pièce : *Cujusdam epitaphium qui, exemplo edito strangulatus, publico postea spectaculo Lugduni sectus est, Fr. Rabelæso* (sic), *medico doctissimo, fabricam corporis interpretante. Libri IV, carmine* XVIII.

son caractère indépendant, ses habitudes vaga-
bondes et ses boutades capricieuses ne s'accor-
daient guère avec la régularité du service de
l'Hôpital, il ne devait pas rester longtemps attaché à cet établissement de charité publique, où son
court passage laissa autant de regrets que de souvenirs. Il fut remplacé, à la fin de l'année 1534,
par décision des consuls de la ville (1). Peut-être
avait-il lui-même donné sa démission, pour mieux
s'occuper d'anatomie, cette branche encore incon-
nue de la médecine, qu'André Vésale allait bientôt
créer. Ce fut un honneur pour Rabelais, que d'avoir
devancé cet illustre fondateur de la science anato-
mique. Pendant son séjour à Lyon, Rabelais se
livrait donc avec ardeur à des études de tous gen-
res, et, au sortir de l'amphithéâtre, il montait à
son observatoire, où il poursuivait ses travaux
astronomiques bien avant dans la nuit. Il publia,
chez François Juste, un nouvel *Almanach pour
l'an* 1535, *calculé sur la noble cité de Lyon, à
l'élévation du pole par* 45 *degrés* 15 *minutes en
latitude et* 26 *en longitude,* et il donna aussi pour la
même année une seconde *Pantagruéline Prognostication* qui contenait, comme la première, la cri-

(1) Voy. une notice historique sur les médecins du
grand Hôtel-Dieu de Lyon, dans les *Loisirs médicaux
et littéraires* du docteur Pointe.

tique des vaines spéculations de l'astrologie judiciaire (1). Un passage de l'Almanach de 1535, cité
par Le Roy dans ses *Elogia Rabelœsina*, prouve
aussi que Rabelais n'avait nullement l'intention de se
donner pour un *professeur d'astrologie*, quoiqu'il
en prît le titre plaisamment. Voici ce passage plein
de bon sens : « Predire seroit legiereté à moy,
comme à vous simplesse d'y adjouster foy. Et n'est
encores, depuis la création d'Adam, nul homme
qui en aye traicté ou baillé chose à quoy l'on deubst
acquiescer et arrester en asseurance. Bien ont aulcuns studieux reduict par escript quelques observations qu'ils ont pris de main en main ; et c'est
ce que tousjours j'ay protesté, ne voulant, par mes
prognosticz, estre en façon quiconques conclud
sur l'avenir, ains entendre que ceulx qui ont en art
redigé les longues expériences des astres, en ont
ainsi decreté que je le descris. Cela, que peut ce
estre? Moins certes que neant. »

Rabelais n'avait pas abandonné entièrement,
pour la science, ses joyeuses compositions pantagruéliques qui ne lui prenaient que le temps de la
réfection corporelle. Après avoir réimprimé chez
François Juste le *Pantagruel* (1534, in-8°), en

----

(1) La *Pantagrueline Prognostication pour l'an* 1535
est citée dans les *Nouv. Recher. bibliogr.* de M. Brunet.

qualifiant. Alcofribas Nasier d'*Abstracteur de quintessence* (ce qui permet de supposer qu'il s'occupait de la pierre philosophale, en ce temps-là, et qu'il reconnut bientôt l'inanité des secrets hermétiques), il publia un nouveau *Gargantua*, dans lequel il n'avait laissé, de l'ancien, que des noms, quelques faits et une vingtaine de phrases ou d'idées comiques : *La vie inestimable du grand Gargantua, père de Pantagruel, jadis componsée par l'Abstracteur de quintessence; livre plein de pantagruélisme* (Lyon, Fr. Juste, 1535, in-16 de 102 f. goth.). Cette édition, conforme à toutes celles qui furent imprimées depuis, fit complétement oublier les essais informes qui avaient popularisé le nom de Gargantua, et on commença, par toute la France, à chercher le sens caché de ces livres *de haute graisse, légers au prochas et hardis à la rencontre*, que Rabelais compare aux silènes, petites boîtes *peintes au-dessus de figures joyeuses et frivoles*, et renfermant les *fines drogues, pierreries et autres choses précieuses.* Ce fut à qui romprait l'os médullaire, pour y trouver *doctrine absconse, laquelle*, disait Rabelais, *vous révélera de très haults sacrements et mystères horrifiques, tant en ce qui concerne nostre religion qu'aussy l'estat politique et vie économique* (Prologue). Le succès du nouveau *Gargantua* (qu'on peut appeler *définitif*) égala celui du

Pantagruel, et la ville et la cour demandèrent à l'envi la suite de ces *belles billevesées.*

On a pensé que Rabelais était le fondateur d'une société secrète de pantagruélistes, qui se proposaient de répandre la réforme religieuse de Calvin dans le peuple, et la philosophie épicurienne parmi es hautes classes de la société. L'abbaye de Thélème (1), décrite dans le nouveau *Gargantua*, représentait cette philosophie telle que l'avaient comprise Rabelais, Étienne Dolet, Bonaventure Des Periers, Clément Marot, Maurice Sève, Lyon Jamet, et les hommes les plus éminents de ce temps-là. Cette philosophie *thélémite* ou *pantagruélique* différait essentiellement de la réforme austère et inflexible de Calvin. Aussi, Calvin, qui avait compté jusqu'alors sur l'appui de la plume de Rabelais, manifesta-t-il avec amertume son mécontentement à l'égard d'un ouvrage, sceptique et obscène, qui contrariait ses projets au lieu de les seconder : dès ce moment, il se sépara de ce *Lu-*

(1) M. Lenormand, qui joint tant de goût et de littérature à une érudition si variée et si étendue, doit publier un mémoire dans lequel il examinera les opinions de Rabelais, qu'il trouve luthérien dans le premier livre du *Pantagruel*, et seulement épicurien dans le cinquième. Nous regrettons bien de ne pouvoir profiter des recherches et des découvertes, sans doute neuves et curieuses, de M. Lenormand.

cien qu'il n'espérait plus discipliner dans les rangs de ses prosélytes, et cette brouille, envenimée par le temps et l'absence, devint de la haine, qui éclata plus tard, quand Calvin se fut fait pape de Genève et Rabelais curé de Meudon (1).

Mais, pour compenser la perte de cet ami dur et ambitieux, Rabelais en gagna de nouveaux et s'attacha davantage les anciens, depuis la publication du *Gargantua*, qui le mit tout d'abord à la tête des écrivains français. Il y eut surtout une communauté plus intime de sentiments, de goûts et de travaux, entre lui, Étienne Dolet et Clément Marot, qui habitait Lyon, à cette époque, pour se soustraire aux poursuites de la Sorbonne et du parlement de Paris contre les partisans avoués de la

(1) Le Duchat cite une lettre de Calvin, datée de 1552, où paraît déjà sa mauvaise humeur au sujet du *libertinage* de Rabelais. Voyez l'Avertissement de l'édition de Le Duchat. Calvin, dans son Traité *de Scandalis*, qui parut plus tard, formula très-nettement le sujet de sa rancune contre son ancien ami : « Celebrem illum Franciscum Rabelæsium, dit Gisbertus Voetius dans son livre *Selectarum disputationum theologicarum*, et cum eo Deperium, Goveanum, ex multis nominat Calvinus, Tractatu *de Scandalis*, quos gustu veritatis antea imbutos, cæcitate percussos dicit, quod sacrum illud æternæ pignus sacrilega ridendi audacia profanassent. »

Réforme. Marot avait embrassé alors le pantagruélisme, comme il fit ensuite le calvinisme, avec cette
versatilité d'opinions que le malheur de toute sa
vie aurait dû corriger. Marot adressa ces jolis vers,
imités d'une épigramme de Martial, à Rabelais, qui
lui enseignait la règle des Thélémites :

S'on nous laissoit nos jours en paix user,
Du temps présent à plaisir disposer,
Et librement vivre comme il faut vivre,
Palais et cours ne nous faudroit plus suivre,
Plaids ne procès, ne les riches maisons,
Avec leur gloire, et enfumés blasons.

Mais, sous belle ombre, en chambre et galeries,
Nour pourmenans, livres et railleries,
Dames et bains seroient les passe-temps,
Lieux et labeurs de nos esprits contens.

Là, maintenant, à nous point ne vivons,
Et le bon temps périr, pour nous, savons,
Et s'envoler, sans remèdes quiconques ! ..
Puisqu'on le sait, que ne vit-on bien donques ?

Étienne Dolet célébra l'amitié qui l'unissait alors
à Rabelais et à Clément Marot, par cette pièce de
vers latins, intitulée : *De mutua inter se et Clementem Marotum amicitia*, et dédiée au fondateur de l'abbaye de Thélème, la Jérusalem terres-
tre des premiers calvinistes :

Pepercce musæ sat beato et optato
Partu Marotum et post Doletum, ac utrumque
Eisdem ferè instruxere : moribus et iisdem
Probè artibus ornarunt : si quidem componèndi
Versus minimè vulgari ac insigni et rara
Felicitate. Jam, quibus par concessa est
Versus, amicitia invicem conflagrare
Miraris? Id facit similitudo morum
Et artium earundem societas concordans (1).

La crainte d'une persécution qui pouvait finir
par un bûcher sépara les trois amis. Des placards
blasphémateurs contre le sacrifice de la messe
ayant été affichés la nuit dans Paris, et une image
de la Vierge, placée à l'angle d'une rue, ayant été
profanée, François 1er déclara qu'il se couperait le
bras lui-même, s'il savait que son bras fût gangrené
d'hérésie, et ordonna au parlement d'user de rigueur à l'égard des hérétiques : six malheureux
furent suppliciés sur la place de l'Estrapade, en
présence du roi et de toute la cour. Marot apprit
qu'une enquête avait eu lieu dans son cabinet de
travail à Paris, et qu'on avait saisi chez lui des
livres condamnés par l'Université : il s'enfuit aussitôt à Lyon et se retira en Béarn, auprès de la
reine de Navarre, qui accordait asile et protection

(1) Stephani Doleti *Carminum libri quatuor* (Lugd.,
1538, in-4º).

à tous *ceux de la religion;* il ne se crut pas même en sûreté à la cour de sa bonne maîtresse, et il se réfugia bientôt à Ferrare, dont la duchesse, Renée de France, n'était pas moins favorable aux idées et aux apôtres de la Réforme. Étienne Dolet, qui se fiait trop à l'intervention de François Ier, qu'on lui donnait pour père, fut enfermé dans les prisons de Lyon et y resta jusqu'à ce que son protecteur, Pierre Duchâtel, évêque de Tulle et lecteur du roi, l'eût fait mettre en liberté. Rabelais, qui s'était plus compromis encore que Dolet et Marot, en faisant la satire du catholicisme et des moines dans le *Gargantua,* jugea prudent de s'éloigner pour laisser passer l'orage, et il retourna précipitamment en Italie.

Nous sommes très-embarrassés pour donner une date précise au séjour plus ou moins prolongé que Rabelais aurait fait à Castres, à Orange et à Narbonne. Il est certain cependant qu'il a résidé dans ces trois villes. Le savant ex-oratorien, Toussaint Grille d'Angers, qui fut à même de recueillir en Touraine et en Anjou les renseignements les plus précieux sur la vie de Rabelais, a dit, dans une note inédite, que l'illustre cordelier, congédié du couvent de Fontaine-le-Comte, « passa de là à Castres où il écrivit ses ouvrages (1). » La rési-

(1) Nous devons la connaissance de cette note à un

dence de Rabelais à Castres est encore mentionnée ailleurs (1), mais nous ne croyons pas qu'il ait écrit dans cette ville son *Gargantua* ou son *Pantagruel*. Le passage de Rabelais à Orange n'est indiqué que dams cet endroit du *Moyen de parvenir* (ch. xv) : « Le cheval de Rabelais fut passé docteur à Orange sous le nom de *Joannes Cavallus*. » Cette anecdote n'a pas été pourtant recueillie parmi les facéties dont Rabelais est le héros ; on peut dire, sans accuser d'hyperbole Beroalde de Verville, que la présence du cheval n'implique pas absolument celle du maître. Au reste, ce cheval *passé docteur*, comme le cheval de Caligula fut nommé consul, appartient sans doute à la jeunesse folâtre et joviale du docte élève de la Faculté de Montpellier. Quant au séjour de Rabelais à Narbonne, c'est un fait attesté par une pièce de vers de Salmon Macrin, secrétaire du cardinal Du Bellay,

---

des neveux de M. Grille, M. Leclerc, qui a bien voulu y joindre pour notre usage un ingénieux commentaire. M. Leclerc, que nous avons déjà remercié de ses utiles communications au sujet de la biographie rabelaisienne, est un des hommes les plus lettrés d'Angers.

(1) « Il ne faut pas oublier à mettre entre les personnes qui honnorent Castres, dit Pierre Borel dans *les Antiquitez de la ville et comté de Castres* (1649, in-8), François Rabelais, médecin, qui y a composé une partie de ses œuvres et y a exercé la médecine. »

qui avait été évêque de Narbonne. Ce fut sans
doute dans l'intervalle de cet épiscopat, que Rabelais suivit à Narbonne son protecteur, qui n'y
faisait que de courtes visites diocésaines. Or, en
1532, Jean Du Bellay passa de l'évêché de Narbonne à celui de Paris, et l'on peut supposer qu'il
ne reparut plus dans son ancien diocèse. Voici la
pièce de vers que Macrin publia en 1537 (*Odarum*
lib. VI. Lugd., Seb. Gryphius, in-8°), mais qui fut
sans doute composée antérieurement : c'est un
pompeux panégyrique de Rabelais, *très-habile*
médecin (*medicum peritissimum*), qu'il représente aussi comme un savant astrologue et comme
un savant écrivain, plein d'esprit et de malice.

Idem Rablæsi pene solum mihi est
Natale tecum : Juliodunicis
Nam Chino vicinus nucetis
Contigua regione floret :

Aerque nostris civibus actius
Hauritur idem parque serenitas,
Par ruris uligo beati,
Mirum eadem quoque lenitudo.

Natalis agri concilians tibi
Vicinitas me, jungit amabili
Vinclo, sed impense tuarum
Vis sociat mage litterarum.

Chinonenses inter enim tuos
Unus Rablæsi es, cui Deus, et favens
Natura, doctrinam legentem
Non neget, atque sales acutos :

Unus lepores cui simul atticos
Et circularis dona peritiæ
Dilargiatur, florulentam et
Cognitionem utriusque linguæ.

Artem ut medendi prætercam, et tibi
Sudore multo parta mathemata,
Quid luna, quid stellæ minentur,
Quid rapidi facies planetæ,

Tu non Galeno Pergamæo minor,
Multos ab atris faucibus eximis
Lethi propinquantis, tuaque
Depositos opera focillas.

Quid quæque radix herbave conferat,
Ungue tenes, et non secus ac tuos,
Famamque lucraris perennem,
Arte levans genus omne morbos.

Testes tuarum Parisii artium,
Testisque Narbo, Martius atque Atax,
Et dite Lugdunum, penates
Sunt tibi ubi placidæque sedes.

Quand Rabelais revint à Rome, vers la fin de

l'année 1536, Jean Du Bellay y était toujours chargé
des affaires de François Ier, quoique l'évêque de
Mâcon eût été envoyé en qualité d'ambassadeur
extraordinaire auprès du Saint-Siége. Paul III, qui
avait succédé à Clément VII, témoignait la même
estime que son prédécesseur à Jean Du Bellay, qu'il
venait de nommer cardinal. Rabelais, fût-il hérétique et athée, se trouvait donc en sûreté dans la
maison de son maître, où il rentra comme médecin,
lecteur, secrétaire et bibliothécaire. Mais ses ennemis de France pouvaient l'atteindre à Rome, en l'accusant d'avoir apostasié et jeté le froc aux orties :
il céda aux conseils de ses amis, qui l'invitaient
à obtenir du pape une absolution générale, et à
mettre ainsi sa vie passée à l'abri de la sévère
application des lois ecclésiastiques. On est forcé de
supposer qu'il sentait le danger de sa position,
lorsqu'il rédigea une *Supplique pour apostasie*
(*Supplicatio pro apostasia*), qui contraste singulièrement avec les doctrines et le ton des livres de
Gargantua et de *Pantagruel*. Dans cette Supplique, après avoir fait l'aveu de ses fautes et raconté sommairement sa fuite du couvent de Maillezais, il demandait au pape, outre une absolution
pleine et entière, la permission de reprendre l'habit de Saint-Benoît, de rentrer dans un monastère
de son ordre, où l'on consentirait à le recevoir, et
de pratiquer partout l'art médical, dans un but de

charité et sans aucun espoir de lucre, en n'em-
ployant, toutefois, ni le fer ni le feu dans les opérations chirurgicales (*citrà adustionem et incisionem*).

Voici cette pièce curieuse, qui porte l'empreinte
du style latin de Rabelais :

Beatissime pater, cum aliàs postquam devotus
orator Franciscus Rabelais, presbyter Turonensis
diœcesis, tunc ordinem Fratrum Minorum de Ob-
servantia professus, sibi quod de ordine Fratrum
Minorum hujusmodi, in quo ad sacros etiam pres-
byteratûs ordines promotus extiterat, et in illis
etiam in alteris ministerio sæpius ministraverat; ad
ordinem S. Benedicti in ecclesia Maleacensi dicti
ordinis se liberè transferre, per felicis recordationis Clementem papam VII, prædecessorem vestrum, apostolica obtinuerat autoritate concedi, seu
indulgeri; idem orator ad dictum ordinem S. Benedicti in eadem ecclesia se juxta concessionem, seu
indultum prædictum transtulisset, et deinde secum
ut unum vel plura cum cura vel sine cura, dicti
seu alterius tunc expressi ordinis regularis, aut
cum eo vel eis et sine illis unum curatum seculare
certo tunc expresso modo qualificatum, beneficia
ecclesiastica, si sibi exinde canonicè conferrentur,
recipere, et insimul quoad viveret retinere liberè
et licitè posset, eadem fuisset autoritate dispensa-
tum; dictus orator, absque licentia sui superioris,

dicta ecclesia discedens, regulari dimisso, et præs-
byteri secularis habitu assumpto, per seculum diu
vagatus fuit, eoque tempore durante, Facultati
medicæ diligenter operam dedit, et in ea gradus
ad hoc requisitos suscepit, publicè professus est,
et artem hujusmodi practicando pluries exercuit in
suis ordinibus susceptis prædictis, et in altaris ministerio ministrando, ac horas canonicas et alia
divina officia, aliàs forsan celebrando, apostasiæ
maculam ac irregularitatis et infamiæ notam per
tantum temporis ita vagabundus incurrit. Verum,
Pater sancte, cum dictus orator ad cor reversus,
de præmissis doluerit et doleat ab intimis, cupiat-
que ad ordinem S. Benedicti hujusmodi in aliquo
monasterio, seu alio ejusdem ordinis regulari
loco, cum animi sui quiete, redire; supplicat igitur
humiliter supradictus orator, quatenus secum, ut
deinceps in monasterio seu regulari loco prædictis,
ad quod seu quem se transferre contigerit, cum
regulari habitu, debitum Altissimo reddat perpetuò
famulatum, more pii Patris compatientes, ipsumque
specialibus favoribus et gratiis prosequentes, eum-
dem oratorem ab excessibus et apostasiæ nota,
seu macula hujusmodi, necnon excommunicatio-
nis et aliis ecclesiasticis sententiis, censuris, et
pœnis, quas præmissorum occasione quomodo li-
bet incurrit, absolvere, secumque super irregularitate per eum propterea contracta, ut ea non

obstante susceptis per eum ordinibus, ac dispensatione sibi concessa prædictorum et in eisdem ordi-
.nibus, et in altaris ministerio ministrare liberè et
licitè valeat dispensare, omnemque inhabilitatis
et infamiæ maculam sive-notam per eum dicta
occasione contractam ab eo penitùs abolere, ipsumque oratorem in pristinum, et eum in quo
ante præmissa existebat statum restituere et plenariè reintegrare, sibique, quod de dicta ecclesia
Maleacensi ad aliquod monasterium, seu alium
regularem locum ejusdem ordinis S. Benedicti,
ubi benevolos invenerit receptores, se liberè et
licitè transferre, et interim post hujusmodi translationem ad dictam ecclesiam Maleacensem, seu
Episcopum, Capitulum, vel conventum, aut per-
sonas ejusdem in genere vel specie minimè teneri
nec obligatum fore, ut nihilominùs omnibus et singulis privilegiis, prærogativis et indultis, quibus
fratres sive monachi dicti ordinis S. Benedicti
utuntur, potiuntur et gaudent, ac uti, potiri et gaudere poterunt quomodolibet in futurum, ut et
postquam monasterium, seu regularem locum hujusmodi intraverit, uti, potiri et gaudere, vocem-
que activam et passivam in eodem habere, et in-
super artem medicinæ pietatis intuitu sine spe
lucri vel quæstus hic et ubicumque locorum exti-
terit, praticare liberè et licitè valeat, superioris
sui et cujusvis alterius licentia super hoc minimè

requisita, autoritate supradicta concedere et indul-
gere, sicque in præmissis omnibus, etc., judicari
debere, irritum quoque, etc., decernere dignemini.
de gratia speciali, non obstantibus præmissis ac
quibusvis constitutionibus et ordinationibus apostolicis de illis ecclesiæ ac monasterii prædictis
etiam juramento, etc., roboratis statutis, etc., privilegiis quoque, indultis, ac literis apostolicis illis
et quibuscunque quomodolibet concessis, etc., quibus omni etiamsi de illis, etc., tenore, etc., placeat
hac vice derogare cæterisque, etc.

Et cum absolutione, etc., et quod obstantiæ
omnes verioresque indulti et dispensationis hujusmodi tenores habeantur pro expressis seu in toto
vel in parte exprimi possint, ut de absolutione, dispensatione, rehabilitatione, abolitione, reintegra-
tione, concessione, indulto, etiam quod possit dispensatione per eum obtenta hujusmodi juxtà illius
tenorem in omnibus uti, ac beneficia in ea comprehensa et qualificata si sibi alias canonicè conferan-
tur, etc., illius vigore recipere et quoad vixerit
retinere, nec non medicinam ut præfertur de licentia sui superioris, ac citrà adustionem et incisionem, exercere ac translatione et decreto præpe-
titis pro eodem oratore modo et forma præmissis
quæ sic pro sigillatim repetitis habeantur ut in
literis latissimè exprimi, etc., extendi valeant simul
vel ad partem in forma gratiosa.

Et quod præmissorum omnium, et singulorum qualitatum, diœcesium, ordinum dependentium, omnium cognominis ac etiam causarum quibus et propter quas ad hujusmodi translationem faciendam nititur quatenus opus sit aliorumque necessariorum major et verior specificatio et expressio fieri possit in literis per breve, S. V. proùt videbitur expediendis attento quod orator est præsens in curia.

Rabelais s'était fait des amis et des admirateurs jusque dans le Sacré-Collége, et les cardinaux romains les plus austères pardonnaient au philosophe ses imprudences et ses témérités, eu égard à son admirable esprit et à son prodigieux savoir. Il ne voulut pas invóquer l'entremise du cardinal Du Bellay et de l'évêque de Macon : « Et vous ozez bien dire que je n'y ay quasi rien employé monsieur le cardinal Du Bellay, ni monsieur l'ambassadeur, combien que, de leurs grâces, s'y fussent offerts à y employer non-seulement leurs paroles et faveur, mais entièrement le nom du roy (1). » Ce fut probablement un sentiment de délicatesse qui l'empêcha de se servir du crédit de son maître, pour faire agréer sa Supplique par le pape : il craignait que le cardinal Du Bellay ne se fît tort aux yeux du clergé de France, en se déclarant le pro-

----

(1) Lettre XII de Rabelais à l'évêque de Maillezais.

tecteur de l'ennemi des moines et de la Sorbonne; peut-être même était-il alors sous le coup d'un procès qui pouvait avoir la triste issue de celui de Berquin. Il pria donc les cardinaux Ghinucci et Simonetta de surveiller son affaire, et, grâce à leur intervention auprès de Paul III, il obtint tout ce qu'il demandait.

Dans la joie de ce succès, il écrivit à son ami et confident, l'évêque de Maillezais, d'après l'avis duquel il avait sollicité ces Bulles : « Je vous puis avertir que mon affaire a esté concédé et expédié, beaucoup mieux et plus seurement que je ne l'eusse souhaité, et y ay eu ayde et conseil de gens de bien; mesmement du cardinal de *Genutiis*, qui est juge du palais, et du cardinal Simonetta, qui estoit auditeur de la Chambre, et bien sçavant et entendant telles matières. Le pape estoit d'advis que je passasse mondit affaire *per Cameram :* les susdits ont esté d'opinion que ce fust par la Cour des Contredits, pour ce que, *in fore contentioso*, elle est irréfragable en France, et *quæ per Contradictoria transiguntur transeunt in rem judicatam; quæ autem per Cameram, et impugnari possunt, et in judicium veniunt.* En tous cas, il ne me reste qu'à lever les Bulles *sub plumbo* (1).

« M. le cardinal Du Bellay, ensemble M. de Mas-

---

(1) Lettre I de Rabelais à l'évêque de Maillezais.

con, m'ont asseuré que la composition me sera faite gratis, combien que le pape, par usance ordinaire, ne donne gratis, fors ce qui est expédié *per Cameram*. Restera seulement à payer les référendaires, procureur et autres tels barbouilleurs de parchemin. Si mon argent est court, je me recommanderay à vos aumosnes. »

Quand il eut reçu ses Bulles peu de temps après, il s'empressa de l'annoncer à Geoffroy d'Estissac : « J'ay, Dieu mercy, expédié tout mon affaire, et ne m'a cousté que l'expédition des Bulles : le Sainct Père m'a donné de son propre gré la composition. Et crois que trouverez le moyen assez bon, et n'ay rien par icelles impétré qui ne soit civil et juridique; mais il y a fallu bien user de bon conseil pour la formalité (1). »

Voici quelles étaient ces Bulles, qui devaient fournir à Rabelais un *moyen assez bon*, pour braver en face ses accusateurs :

DILECTO FILIO RABELAIS, MONACHO ECCLESIÆ
MALEACENSIS ORDINIS SANCTI BENEDICTI,
PAULUS PP. III.

Dilecte filii, salutem et apostolicam benedictionem. Sedes apostolica et pia mater recurrentibus

(1) Lettre XII à l'évêque de Maillezais.

ad eam post excessum cum humilitate personarum
statim libenter consulere ac illos gratioso favore
prosequi consuevit, quos ad id aliàs propria virtutum merita multipliciter recommandant. Exponi
siquidem nobis nuper fecisti quod aliàs postquam
felicis recordationis Clemens papa VII, prædeces-
sor noster, tibi ut te ordine Fratrum Minorum
quem expressè professus, et in eo permanens ad
omnes et sacros et presbyteratus ordines promotus fueras, ac in illis etiam in altaris ministerio
sæpius ministraveras, ad ecclesiam Maleacensem
ordinis S. Benedicti, et dictum ordinem S. Benedicti te transferre valeres, apostolica autoritate
indulserat. Tuque indulti hujusmodi vigore ad ecclesiam et ordinem S. Benedicti prædictum te
transtuleras, ac tecum unum seu plura beneficia
ecclesiastica certis tunc expressis modis qualifica-
tis, si tibi aliàs canonicè conferrentur, recipere et
continere valeres apostolica autoritate dispensari
obtinueras. Tu absque tui superioris licentia ab
ipsa ecclesia Maleacensi discedens, habitum regularem dimisisti, et habitu presbyteri secularis
assumpto, per abrupta seculi diu vagatus es, ac
interim literis in Facultate medicinæ diligenter
operam dedisti, et in ea ad Bachalariatus, Licen-
tiativæ et Doctoratus gradus promotus, necnon
artem medicinæ publicè professus fuisti et exer-
cuisti. Cum autem, sicut eadem expositio subjun-

gebat, tu de præmissis ab intimis dolueris et doleas
de præsenti, cupiasque ad ipsum S. Benedicti, et
aliquod illius monasterium vel alium regularem
locum, ubi benevolos inveneris receptores te transferre, et inibi Altissimo perpetuò famulari, pro
parte tua nobis fuit humiliter supplicatum, ut tibi
de absolutionis debitæ beneficio, ac aliàs statui tuo
in præmissis opportunè providere de begnitate
apostolica dignaremur. Nos igitur attendentes Sedis apostolicæ clementiam petentibus gremium
suæ pietatis claudere non consuevisse, volentesque
aliàs apud nos de religionis zelo, literarum scien-
tia, vitæ ac morum honestate, aliisque probitatis
et virtutum meritis multipliciter commendatum,
horum intuitu favore prosequi gratioso, hujusmodi tuis in hac parte supplicationibus inclinati,
te ab excommunicatione et aliis sententiis, censuris et pœnis, quas propter præmissa quomodolibet
incurristi, necnon apostasiæ reatu et excessibus
hujusmodi autoritate apostolica tenore prœsen-
tium absolvimus, ac tecum super irregularitate
per te propter ea, necnon quia sic ligatus missas
et alia divina officia forsan celebrasti, et aliàs illis
te immiscuisti, contracta quoque, in singulis ordinibus prædictis, etiam in altaris ministerio hujusmodi ministrare, necnon dispensatione prædicta,
et beneficia sub illis comprehensa juxtà illius teno
rem recipere et retinere, necnon de dicta ecclesia

Maleacensi ad aliquod monasterium, vel alium regularem locum ejusdem ordinis S. Benedicti, ubi benevolos inveneris receptores, te transferre, necnon postquam translatus fueris, ut præfertur omnibus et singulis privilegiis, prærogativis et indultis, quibus alii monachi ipsius ordinis S. Benedicti utuntur, potiuntur et gaudent, ac uti, potiri et gaudere poterunt quomodolibet in futurum, uti potiri et gaudere, inibique vocem activam et passivam habere, ac de licentia tui superioris, et citrà adustionem et incisionem, pietatis intuitu, ac sine spe lucri vel quæstus in Romana curia, et ubicunque locorum artem hujusmodi medicinæ exercere liberè et licitè valeas autoritate apostolica et tenore præmissis de speciali dono gratæ dispensamus, omnemque inhabilitatis et infamiæ maculam, sive notam ex præmissis insurgentem penitùs abolemus, teque in pristinum et eum statum, in quo antè præmissa quomodolibet eras, restituimus et plenariè reintegramus; decernentes te, postquam ad aliquod monasterium, seu alium regularem locum translatus fueris, ut præfertur, eidem ecclesiæ Maleacensi, seu illius Episcopo pro tempore existenti, aut dilectis filiis Capitulo seu personis minimè teneri, aut obligatum fore, non obstantibus præmissis ac constitutionibus et ordinationibus apostolicis, necnon ecclesiæ Maleacensis et ordinis S. Benedicti prædictorum juramento, confirmatione apostolica, vel quavis firmitate alia roboratis, statutis et consuetudinibus cæterisque contrariis quibuscumque. Volumus autem quod pœnitentiam per confessorem idoneum, quem duxeris eligendum, tibi pro præmissis injungendam, adimplere omninò tenearis, alioquin præsentes literæ quoad absolutionem ipsam tibi nullatenùs suffragentur.

Datum Romæ, apud S. Petrùm, sub annulo Piscatoris, die 17 jan. 1536 (1537), Pontificatus nostri anno II.

Rabelais, nanti de ce bref papal qui le renvoyait absous, ne se pressa pas toutefois de revenir en France, où la persécution religieuse était dans toute sa force : il attendit à Rome l'arrivée de l'empereur Charles-Quint, qui venait de Naples rendre visite au pape et renouer avec le Saint-Siége les réseaux d'une nouvelle ligue contre François Ier. Rabelais était curieux de voir les fêtes de l'*entrée* magnifique qu'on préparait à l'Empereur, et pour laquelle on avait démoli plus de deux cents maisons et trois ou quatre églises : « *ce que plusieurs*, dit-il, *interprètent à mauvais présage.* » L'Empereur remettait de jour en jour son arrivée : « *Si j'avois*, dit-il encore, *autant d'escus comme le pape voudroit donner de jours de pardon*, proprio motu, de plenitudine potestatis, *et autres telles circonstances favorables, à quiconque la remettroit à cinq ou six ans d'ici, je serois plus riche que Jacques Cœur ne fut onc* (1). »

Cette prolongation de séjour à Rome avait épuisé les ressources pécuniaires de Rabelais, qui se recommandait souvent à la générosité de Geoffroi d'Estissac. Il lui écrivait, vers le mois de février 1537 :

« Je suis contraint de recourir encore à vos aumosnes, car les trente escus, qu'il vous plut me faire icy livrer, sont quasy venus à leur fin ; et si n'en ay rien despendu en meschanceté, ny pour ma bouche. Car je bois et mange chez M. le cardinal Du Bellay où M. de Mascon. Mais, en ces petites barbouilleries et meubles de chambre et entretenement d'habillements, s'en va beaucoup d'argent, encore que je m'y gouverne tant chichement qu'il m'est possible. Si vostre plaisir est de m'envoyer quelque lettre de change, j'espère n'en user qu'à vostre service, et n'en estre ingrat. »

Rabelais était l'intermédiaire de l'évêque de Maillezais auprès du cardinal Du Bellay, qui paraissait peu disposé à l'appuyer en cour de Rome : l'évêque, apparemment, sollicitait le chapeau rouge. Rabelais excusait de son mieux les réponses *ambiguës* de son maître à l'endroit de Geoffroi d'Estissac (2),

(1) Lettre VIII à l'évêque de Maillezais.
(2) Lettre XI à l'évêque de Maillezais.

qu'il informait de toutes les nouvelles dans une correspondance qui arrivait en France, sous le couvert de l'ambassadeur, à l'adresse de Michel Parmentier, libraire de Lyon (1). Il faisait passer, par le même canal, *mille petites mirolifiques* (curiosités), venues de Chypre, de Candie et de Constantinople, qu'il envoyait en présent à madame d'Estissac, mère de l'évêque, ainsi que des graines de salade pour le jardin de Legugé. On a prétendu que Rabelais avait introduit en France la culture de la romaine.

« Touchant les graines que je vous ay envoyées, écrit-il, je vous puis bien asseurer que ce sont des meilleures de Naples, et desquelles le saint-père fait semer en son jardin secret du Belvédere. D'autres sortes de salades ne ont-ils par deçà, fors de nasitord et d'arrousse. Mais celles de Legugé me semblent bien aussi bonnes, et quelque peu plus douces et amiables à l'estomach, mesmement de vostre personne ; car celles de Naples me semblent

(1) On ne possède que seize lettres de cette correspondance, qui ont été publiées, pour la première fois, par les frères Scévole et Louis de Sainte-Marthe, sous ce titre : *Epistres de maistre Fr. Rabelais, docteur en médecine, escriptes pendant son voyage d'Italie,* avec des observations et la vie de l'auteur. Paris, Ch. de Sercy, 1651, in-8°. Nouvelle édition, augmentée par Denis Godefroy. Bruxelles, Fr. Foppens, 1710, in-8°.

trop ardentes et trop dures. Au regard de la saison
et semailles, il faudra advertir vos jardiniers, qu'ils
ne les sèment du tout si tost comme on fait de par
deçà ; car le climat n'y est pas tant avancé en cha-
leur comme ici. Ils ne pourront faillir de semer
vos salades deux fois l'an, sçavoir est en caresme
et en novembre, et les cardes ils pourront semer
en aoust et septembre ; les melons, citrouilles et
autres, en mars ; et les armer certains jours de
joncs et fumier léger, et non du tout pourri, quand
ils se doubleroient de gelée. On vend bien icy encore d'autres graines, comme des œillets d'Alexan-
drie, des violes matronales, d'une herbe dont ils
tiennent en esté leurs chambres fraisches, qu'ils
appellent *Belvedere*, et aultres de médecine. Mais
ce seroit plus pour madame d'Estissac. S'il vous
plaist de tout, je vous en envoiray, et n'y feray
faute (1). »

On ne sait pas si Rabelais eut la patience d'attendre la venue de l'Empereur : il était appelé en
même temps à Montpellier et à Paris ; car il voulait
se faire recevoir docteur en médecine dans la Faculté où il avait pris ses degrés, et il devait toucher les revenus d'un bénéfice que le cardinal Du
Bellay lui avait assigné dans l'abbaye de Saint-
Maur des Fossés. Cette abbaye était annexée à

_____

(1) Lettre XII à l'évêque de Maillezais.

l'évêché de Paris et transformée en collégiale, par un bref de Clément VII, depuis l'année 1533 ; mais le bref ne fut mis à exécution que le 7 août 1536, et l'archidiacre de la cathédrale de Paris installa huit chanoines à la place des moines, savoir : Catherin Deniau, Denis Camus, Jean Chandelou, Jean Lucas, Louis Mazallon, Philibert Friant, Jacques du Fou, Louis de Venoy. Rabelais, qui avait été nommé à la neuvième prébende par le cardinal, ne put que se faire représenter par procureur ; mais ses collègues s'opposèrent à l'effet de sa procuration, sans doute à cause de son apostasie, qui le livrait aux censures ecclésiastiques. Les Bulles d'absolution qu'il obtint avaient donc pour principal objet, sinon de lui ouvrir les portes du monastère de Saint-Maur, du moins d'établir ses droits de prébendier (1).

Paul III voulut voir, dit-on, ce joyeux diseur de bons mots, qui avait fait rire Clément VII et ses cardinaux. Rabelais, dont le respect ni la crainte n'avaient jamais lié la langue, n'épargna pas Paul III plus que Clément VII (2). On présume

(1) *Histoire du diocèse de Paris*, par l'abbé Lebeuf, t. V, p. 131. Voyez plus loin la seconde Supplique au pape.

(2) « Neque erat solum in scribendo salis et facetiarum plenus, verum et eamdem jocandi libertatem

que Rabelais inspira quelquefois à la statue de Pasquin ces épigrammes hardies, qui, durant son séjour à Rome, amusèrent le peuple romain (1), et l'on trouve dans ses lettres à l'évêque de Maillezais plusieurs traits de satire à l'adresse du pape. Ici, c'est une raillerie contre la superstitieuse crédulité de Paul III, qui s'entourait d'astrologues et d'horoscopes :

« Je vous envoye un livre de pronostics, duquel toute ceste ville est embesoignée, intitulé : *De eversione Europœ*. De ma part, je n'y ajouste foy aucune. Mais on ne veid onc Rome tant addonnée à ces vanitez et divinations, comme elle est de présent. Je crois que la cause est, car

Mobile mutatur semper cum principe vulgus. »

Là, c'est l'histoire des amours adultères du pape

apud quemlibet et in omni sermone retinebat ; adeò u Romam cum Joanne Bellayo profectus, et in Pauli III conspectum venire jussus, ne ipsi quidem pontifici maximo pepercerit. » Sammarthani, *Elogiorum* lib. I.

(1) Dans le *Chansonnet de Pasquil*, rapporté par Rabelais (lettre XII) avec une complaisance qui sent son auteur, on peut lui attribuer cet énergique conseil adressé au roi de France, en présence des *mystères* politiques qui se jouaient à Rome : *Quid voles id tenta.*

que l'on accusait d'avoir aimé sa propre sœur et de vivre incestueusement avec sa propre fille :

« Vous demandez si le seigneur Pierre-Louis (Farnèse, duc de Parme) est légitime fils ou bastard du pape? Sçachez que le pape jamais ne fut marié; c'est-à-dire que le susdit est véritablement bastard. Et avoit le pape une sœur belle à merveille... etc. (1). »

Ce fut au commencement du mois de mars 1537 que Rabelais quitta Rome pour se rendre directement à Montpellier. Il fut promu au doctorat dans la Faculté de médecine, sous la présidence d'Antoine Griphy, le 22 mai suivant, comme il l'a consigné lui-même sur les registres : *Ego Franciscus Rabelæsus, diœcesis Turonensis, suscepi gradum doctoratûs sub R. Antonio Griphio, in præclara medicinæ Facultate. Die 22 mensis maii, anno Domini 1537.* Rabelæsus. Rabelais paya son tribut de docteur à la Faculté, en faisant des leçons publiques dans lesquelles il interpréta en grec les Pronostics d'Hippocrate : il fit encore, l'année suivante, un cours d'anatomie, et il reçut

(1) Lettres VI et XV à l'évêque de Maillezais. Dans cette dernière, Rabelais s'était servi de termes si peu ménagés pour raconter le viol de Julie Farnèse par le pape Alexandre VI, que les éditeurs n'ont pas osé les imprimer.

des mains du doyen de la Faculté, Jean Schiron, un écu d'or, comme honoraires ou indemnité de la leçon qu'il avait faite, peut-être à la place du professeur titulaire (1).

Pendant le séjour qu'il fit alors à Montpellier, Rabelais retrouva dans cette ville une de ses anciennes connaissances de Lyon, Hubert Susanneau, de Soissons, qui était devenu docteur en droit et en médecine. Depuis qu'ils s'étaient perdus de vue, Susanneau avait renoncé au métier de correcteur d'imprimerie, mais non pas aux œuvres de poésie et d'érudition. Il avait publié à Paris son *Dictionarium ciceronianum*, suivi d'un livre d'épigrammes latines, et il se préparait à mettre sous presse un nouveau recueil de vers latins, intitulé : *Ludi*, quand il tomba gravement malade. Malgré la controverse religieuse qui l'avait brouillé avec Rabelais, il ne balança pas à s'adresser à ce savant homme, qui lui inspirait plus de confiance que tous

(1) *Mém. de la Fac. de méd. de Montpellier*, pp. 522 et 523. On lit dans le registre des procureurs des écoliers, sous l'année 1537 : « D. Franciscus Rabelæsus, pro suo ordinario, elegit librum Prognosticorum Hippocratis, quem græce interpretatus est ; » et sous l'année 1538 : « Accepi prætereà à D. Schyronio aureum unum, pro anatome, quam interpretatus est D. Franciscus Rabelæsus. » C'est la dernière fois que le nom de Rabelais se trouve dans les registres.

les professeurs de la Faculté de Montpellier, et
Rabelais répondit à cette confiance en le guéris-
sant. Leur réconciliation data de la convalescence
du poëte, qui ne manqua pas, dans ses *Ludi*, de
célébrer cette belle cure (1).

Rabelais n'était pourtant pas professeur et conseiller royal dans la Faculté de Montpellier, à laquelle il paraît avoir dit un dernier adieu au milieu
de l'an 1538. La Faculté, néanmoins, plaça son
portrait entre ceux des professeurs, et ce portrait
original, qui fut peint vers cette époque, représente
Rabelais avec un port noble et majestueux, un visage régulier, au teint frais et fleuri, une belle barbe
d'un blond doré, une physionomie spirituelle, des
yeux pleins de feu et de douceur à la fois, un air
gracieux, quoique grave et réfléchi (2).

Il faut supposer que Rabelais vint à Paris retrouver ses anciens amis Clément Marot et Dolet,
l'un sorti de prison et l'autre rappelé de l'exil. Marot, violemment attaqué par ses ennemis littéraires
et catholiques, avait invoqué le nom imposant de
Rabelais, contre les calomnies de François Sagon.
Dans l'épître publiée sous le nom de son valet Frip-
pelippes, il faisait dire à ce valet :

(1) Voyez *Hub. Sussannæi Ludorum libri, recens
conditi atque editi.* Parisiis, 1538, in-8°.

(2) *Notice...* par M. Kühnholtz, p. 24.

Par mon âme ! il est grand' foison,
Grand' année et grande saison
De bestes qu'on dust mener paistre,
Qui regimbent contre mon maistre.
Je ne vois point qu'un Saint-Gelais,
Un Heroet, un *Rabelais*,
Un Brodeau, un Sève, un Chappuy,
Voisent écrivant contre lui.

Sagon et ses partisans, dans leurs réponses, eurent soin d'écarter *ceux de renom clair, que Clément prend pour son bouclier*, et se gardèrent bien surtout d'exciter par des provocations ou des injures la verve redoutable de Rabelais : ils se souvenaient sans doute que l'auteur du *Pantagruel* avait marqué du sceau du ridicule les ouvrages d'Hélisenne de Crenne, pseudonyme d'un poëte limousin qui s'était avisé de *contrefaire le langage français* en écorchant le latin. Il ne serait pas impossible que Rabelais, pour châtier l'outrecuidance de ces écoliers qui se permettaient d'éplucher le style de Marot, ait composé l'*Épître du Limousin de Pantagruel, grand excoriateur de la lingue latiale, envoyée à un sien amicissime, résident en l'inclyte et famosissime urbe de Lugdune* (1).

(1) Outre le chap. VI du liv. II, que Rabelais con-sacre à critiquer le jargon latin-français, qui s'était introduit dans les colléges et qui menaçait d'envahir la

Fut-ce par reconnaissance, que Marot, dans un dizain en l'honneur des poëtes qui s'étaient déclarés pour lui, glorifie Chinon, la ville natale de Rabelais?

Rabelais exerçait alors la médecine avec succès (1) et mettait en pratique son système de pantagruélisme, même avec ses malades, qu'il cherchait toujours à faire rire, *puisque*, dit-il, *le rire est le propre de l'homme* (dizain *Aux lecteurs*, liv. I). Pour excuser ingénieusement l'intempérance de sa langue et de son humeur folâtre et comique, il disait que, « n'y ayant rien de plus contraire à la santé qne la tristesse et la mélancolie, le prudent et sage médicin ne devoit pas moins travailler à resjouir l'esprit abattu de ses malades, qu'à guérir les infirmitez de leur corps. » Il était doué, d'ailleurs, d'une de ces heureuses physionomies qui commandent la confiance et l'affection. « Le minoys du médicin, chagrin, tétrique, reubarbatif, catonian, mal-plaisant, mal-content, sé-

langue usuelle, il a rendu plus sensible le ridicule de ce jargon, dans cette Épître en vers qu'il a signée *Desbride Gousier*. Nous n'étions pas d'abord éloignés de croire que le Limousin pouvait être Ronsard, mais Ronsard, qui était Vendomois, n'avait que huit ou neuf ans lors de l'apparition du *Pantagruel*.

(1) *Praxim ibidem et alibi in multis locis per multos annos exercuit*, dit-il dans sa seconde Supplique.

père, rechigné, contriste le malade; et du médicin
la face joyeuse, sereine, gracieuse, ouverte, plaisante, resjouit le malade. Cela est tout esprouvé
et tout certain. » Rien n'empêche donc de croire,
comme il nous le dit à plusieurs reprises, qu'il
composait ses œuvres pantagruéliques pour le
soulagement des affligés et des malades, ainsi que
Renaudot, un siècle plus tard, créait la *Gazette*
dans une intention analogue. Voilà pourquoi, dans
ses Prologues, il s'adresse toujours aux *pauvres
goutteux* et aux *vérolés très-précieux* (1).

Nous croyons pouvoir adopter entièrement l'opinion toute nouvelle d'un écrivain (2) qui a pensé
que Rabelais s'était consacré plus spécialement à
l'étude et à la guérison des maladies vénériennes.
Selon le système de cet écrivain, les deux premiers
livres du *Gargantua* et du *Pantagruel* auraient
été composés seulement dans le but de distraire et d'amuser les malades, auxquels on faisait
suer la vérole, en les tenant renfermés dans des
étuves. La méthode sudorifique exigeait quinze ou
vingt jours de traitement, durant lesquels le moral

(1) Voy. l'épître au cardinal Odet de Châtillon, en
tête du ive livre, et les *Eloges de Scévole de Sainte-
Marthe*, traduits du latin, par Fr. Colletet.

(2) Pierre Dufour, dans son *Histoire de la Prostitu-
tion*, t. v, p. 31 et 32.

avait une telle influence sur le physique, que la
mélancolie pouvait engendrer chez le patient une
complication de maux. « Le meilleur moyen que
j'aie trouvé de guérir les douleurs et les fistules,
écrivait le médecin italien Gaspard Torrella, qui
avait introduit cette méthode en France, c'est de
faire suer le malade dans un four chaud, ou du
moins dans une étuve, pendant quinze jours de
suite, à jeun. » *Gargantua* et *Pantagruel* n'étaient
pas de trop, on le comprend, pour entretenir la
bonne humeur de ces pauvres victimes qui souf-
fraient d'horribles douleurs dans tous les membres. L'écrivain, qui nous explique de la sorte
pourquoi les livres pantagruéliques sont dédiés
aux *vérolés très-précieux*, a signalé le premier un
fait littéraire à peu près incontestable, en prouvant
que Rabelais était le véritable auteur du *Triumphe de très-haute et très-puissante dame Vérole,
royne du Puy d'Amours*, sous le pseudonyme de
Martin d'Orchesino. « Martin Dorchesino, dit-il,
ou d'Orchesino, qui se qualifie *inventeur des
menus plaisirs honnêtes*, faisait dire au héraut
d'armes du *Triumphe*, publié en 1539, à Lyon,
chez François Juste, libraire, *devant Nostre-Dame
du Confort* :

« Sortez, saillez des limbes ténébreux,
Des fournaulx chauds et sepulchers umbreux,

> Où, pour suer, de gris et verd-on gresse
> Tous verolez ! Se goutte ne vous presse,
> Nudz et vestuz, fault delaisser vos creux,
>   De toutes parts ! »

François Rabelais, qui se qualifie d'*abstracteur de quinte-essence*, avait dit, dans le prologue de son *Pantagruel*, publié pour la première fois en 1535, chez François Juste, qui fut aussi l'éditeur du *Triumphe* : « Que diray-je des pauvres « verollez et goutteux ? A quantes fois nous les « avons veus, à l'heure qu'ils estoient bien oingtz « et engressez à point, et le visage leur reluisoit « comme la claveure d'un charnier, et les dents « leur tressailloient comme font les marchettes « d'un clavier d'orgues ou d'espinettes, quand on « joue dessus, et que leur gousier leur escumoit « comme à un verrat que les vaultres ont acculé « entre les toiles. Que faisoient-ils alors? Toute « leur consolation n'estoit que d'ouïr lire quel- « ques pages dudict livre. Et en avons veu qui se « donnoient à cent pipes de vieulx diables, en cas « qu'ils n'eussent senty allegement manifeste à la « lecture dudict livre, lorsqu'on les tenoit ès lim- « bes, ni plus ni moins que les femmes estant en « mal d'enfant, quand on leur lit la *Vie de sainte* « *Marguerite.* » Ces passages tirés de deux ou- vrages différents, que nous attribuons au même auteur, prouvent que les malades étaient nombreux à Lyon dans la clientèle de Rabelais, et qu'il les traitait dans les *limbes* par les frictions mercurielles plutôt que par le gaïac et le bois-saint. »

Le *Triumphe*, dont on ne connaît plus qu'un seul exemplaire, offre une série de 34 figures en bois, représentant les principaux accessoires du mal de Naples et de son traitement. Ici, Vénus, la Volupté, Cupidon, la *Gorre de Rouen*; là, les Médecins ou *Refondeurs*, la Diète, etc. Ces figures, exécutées dans le goût d'une Danse macabre, rappellent celles des *Songes drôlatiques*, et sont accompagnées de rondeaux et de dizains ou huitains, très-habilement versifiés, dans lesquels on reconnaît le style et la manière de Rabelais. Dans le Prologue en prose, où l'analogie de rédaction n'est pas moins caractérisée, l'auteur fait allusion à l'épidémie syphilitique qui affligea la Normandie en 1527, et qu'il avait peut-être observée sur les lieux, à cette époque. « Verolle, la belliqueuse emperiere, dit-il, traisne après son curre triumphal plusieurs grosses villes, par force prinses et reduictes en sa sujetion, mesmement la ville de Rouen, capitale de Normandie, où elle a bien fait des siennes, comme l'on dict, et publié ses lois et droicts diffusement. » Plus tard, Rabelais, en écrivant son cinquième livre de *Pantagruel*, se souvint de la *Gorre de Rouen*, car il cite, parmi les

choses impossibles, le fait d'un jeune abstracteur
de quintessence, qui se vantait de « guarir les verollez, je dy de la bien fine, comme vous diriez de
Rouen. » Ce prologue du *Triumphe*, que Martin
d'Orchesino adresse à *Gilles Melecine, son amy
cousin*, nous apprend quels étaient les clients de
l'inventeur des plaisirs honnestes, c'est-à-dire
de l'auteur des joyeuses Chroniques Gargantuine
et Pantagruéline : « Les uns boutonnants, les autres refonduz et engressez, les autres pleins de
fistules lachrymantes, les autres tout courbez de
gouttes nouées, les autres estant encore aux faulx-
bourgs de la Verolle, bien chargez de chancres,
pourreaux, filets, chaudes-pisses, bosses chan-
creuses, carnositez superflues et autres menues
drogues que l'on acquiert et amasse au service de
dame Paillardise (1). »

(1) Comme le privilége du roi, accordé à Rabelais
pour l'impression de ses œuvres en 1550, fait mention
de livres en *thuscan*, qu'il aurait *baillés à imprimer*,
nous sommes portés à croire que le pseudonyme de
Martin d'Orchesino avait été déjà pris par Rabelais,
en tête d'un de ses ouvrages en langue italienne. Le
Triumphe n'est peut-être que la traduction d'un opuscule écrit, sinon imprimé, d'abord en *thuscan*. Les
trois contes d'*Atropos*, le premier attribué à *Seraphin*,
poëte italien, le *second et le tiers*, publiés en français,
sous le nom de Jean Lemaire de Belges, dans un re-

Tout en pratiquant la médecine avec la permission du pape, Rabelais n'avait pas encore songé
à remplir de tout point les conditions qui lui
étaient imposées par le Bref d'absolution : il portait toujours l'habit séculier et n'avait garde de se
soumettre à la règle d'un couvent; il se contentait
des revenus de son canonicat, que lui faisait payer
le cardinal Du Bellay, qui, de retour en France
depuis le mois de mai 1537, avait acquis à si juste
titre la prépondérance dans le Conseil du roi. Le
cardinal, dominé par les exigences de sa position
politique, ne voyait pas de bon œil son *médecin
ordinaire* continuer le scandale d'une apostasie,
que le pape avait pardonnée, à la condition d'y mettre fin : il enjoignit donc à Rabelais de quitter le
siècle et de remplir les fonctions de chanoine dans
le couvent de Saint-Maur des Fossés; mais l'ad-
mission de Rabelais dans cette collégiale ayant
rencontré de la part de ses confrères toutes sortes
de difficultés, et les Bulles d'absolution que le pape
lui avait accordées en 1537 se trouvant annihilées
par suite de sa désobéissance, il fallait de nouvelles
Bulles pour confirmer les anciennes et pour l'auto-

cueil des œuvres de ce poète, à Paris, chez Galliot du
Pré, en 1525, et réimprimés à la suite du *Triumphe*,
en 1539, méritent d'être examinés au point de vue de
la part que Rabelais peut y revendiquer.

riser à prendre enfin possession de son canonicat.

Rabelais rédigea donc une seconde Supplique au
pape, dans laquelle il rappelait l'histoire de son
apostasie, son passage de l'ordre de Saint-François
dans celui de Saint-Benoît, sa fuite du couvent de
Maillezais et son absolution en cour de Rome; il
racontait comme quoi le cardinal Du Bellay l'avait
fait chanoine de Saint-Maur des Fossés, bien qu'il
n'eût pas été reçu moine dans ce monastère, avant
l'érection de l'abbaye en collégiale; en consé-
quence, il demandait à y être admis comme chanoine, en vertu des droits qu'il avait réclamés,
en temps utile, par procureur; il demandait, en
outre, que les Bulles qu'il avait autrefois obtenues
du Saint-Siège eussent toujours leur effet; que
son absolution fût maintenue; que l'exercice de
la médecine lui fût permis comme par le passé, et
que les bénéfices qu'il possédait lui fussent acquis
canoniquement et légitimement, comme s'il les tenait de l'agrément du pape.

Voici la teneur de cette Supplique, qui fut vrai-
semblablement envoyée à Rome, sous le seing du
cardinal Du Bellay :

Franciscus Rabelæsus, presbyter diœcesis Turonensis, qui juvenis intravit religionem et ordinem
Fratrum Minorum, et in eodem professionem fecit,
et ordines minores et majores etiam presbyteratus

recepit, et in eisdem celebravit multoties. Postea
ex indulto Clementis papæ VII, et prædecessoris
vestri immediati, de dicto ordine Fratrum Minorum transiit ad ordinem S. Benedicti in ecclesia
cathedrali Maleacensi, in eoque plures annos man-
sit. Postmodum sine religionis habitu profectus
est in Montempessulanum, ibidemque in Facultate
medicinæ studuit, publicè legit per plures annos,
et gradus omnes etiam doctoratus ibidem in prædicta Facultate medicinæ suscepit, et praxim ibidem
et alibi in multis locis per annos multos exercuit.
Tandem corde compunctus, adiit limina S. Petri
Romæ, et a Sanctitate vestra et a defuncto Clemente
papa VII, veniam apostasiæ et irregularitatis impe-
travit, et licentiam adeundi ad præfectum ordinis
S. Benedicti, ubi benevolos invenisset receptores.

Erat eo in tempore in Romana curia R. D. Ioan-
nes cardinalis de Bellayo, Parisiensis episcopus,
et abbas monasterii S. Mauri de Fossatis, ordinis
prædicti S. Benedicti Parisiensis; quem cum bene-
volum invenisset, rogavit ut ab eodem reciperetur
in monasterium præfatum S. Mauri, quod factum
est. Postea contigit ut dictum monasterium autoritate vestra erigeretur in decanatum, fierentque
monachi illius monasterii canonici. Hic factus est
cum illis canonicus, prædictus orator Franciscus
Rabelæsus. Verum præfatus orator, angitur scru-
pulo conscientiæ, propter id quod tempore quo

data est S. V. Bulla erectionis, prædictus ipse nondum receptus fuerat in monachum præfati monasterii S. Mauri; licet jam receptus esset tempore
executionis et fulminationis ejusdem, et procuratorio nomine consensisset, tam his quæ circa præ-
dictam erectionem facta fuerant, quam his quæ
postmodum fierent, cum tunc in Romana curia
esset in comitatu præfati R. D. cardinalis de Bellayo. Supplicat, ut per indultum S. V. tutus sit,
tam in foro conscientiæ, quam in foro contradic-
torio et aliis quibuslibet, de præfatis, perinde ac si
receptus fuisset in dictum monasterium S. Mauri,
quam primum anteaquam obtenta fuit Bulla erectionis ejusdem in decanatum et cum absolutione.
Et quod eidem valeant et prosint indulta quæcunque
antea obtinuit a Sede apostolica, perinde ac si, etc.
Et quod eidem valeant medicinæ gradus et doctoratus, possitque praxim medicinæ ubique exercere,
perinde ac si de licentia Sedis apostolicæ eadem
suscepisset. Et eo quod beneficia quæ tenet ac tenuit, censeatur obtinuisse et obtinere, possidere,
et possedisse canonicè et legitimè, perinde ac si de
licentia ejusdem Sedis apostolicæ ea obtinuisset.

Il est probable que Paul III, sollicité par les
amis que Rabelais avait laissés à Rome, ne refusa
pas une nouvelle Bulle au *domestique*, secrétaire
et médecin du cardinal Du Bellay; car Rabelais
endossa l'habit de bénédictin et alla s'installer, avec

ses livres et ses instruments scientifiques, dans le couvent de Saint-Maur, où l'on montrait encore sa chambre plus d'un siècle après sa mort, comme on montrait aussi à Montpellier la maison qu'il avait habitée (1). Rabelais aimait cette résidence, qu'il nomme, dans son Épître au cardinal de Châtillon : *Paradis de salubrité, aménité, sérénité, commodité, délices et touts honnestes plaisirs d'agriculture et de vie champestre.* Le cardinal Du Bellay, qui se plaisait aussi dans cette retraite favorable à l'étude et à la méditation en même temps qu'à la santé du corps, fit abattre l'ancien logis abbatial et construire, par le célèbre architecte Philibert de Lorme, un magnifique palais dans le style italien, orné de sculptures et entouré de jardins délicieux. L'inscription, qu'il composa lui-même en l'honneur du roi pour être gravée au fronton de ce palais, prouve que Rabelais y était toujours le bienvenu sous les auspices des Muses :

Hunc tibi, Francisce, assertas ob Palladis ædes
Secessum, vitas si forte palatia, gratæ
Diana et Charites et sacravere Camœnæ (2).

(1) *Dictionnaire géographique* de Thomas Corneille, à l'article SAINT-MAUR, et *Jugements sur les OEuvres de Rabelais*, par Bernier, p. 19.
(2) *Histoire du diocèse de Paris*, par l'abbé Lebeuf, t. v, p. 166.

Rabelais, absous par le pape, exerçait la médecine, sous le froc, et ne remplissait pas trop scru-
puleusement les devoirs de l'état monastique ; mais,
en sa qualité de bénédictin, il avait la permission
de s'adonner à l'étude, même à celle du grec. Il
n'avait publié encore que son *Gargantua* et le
premier livre du *Pantagruel :* ces deux ouvrages
étaient sans cesse réimprimés séparément par
François Juste, libraire à Lyon, qui les avait mis
au jour en 1535 et qui les vendait, *à la douzaine*,
aux *bisouars* ou merciers-colporteurs. On compte
plus de dix éditions différentes sans date, faites à
Lyon dans l'espace de dix ans ; et ces éditions,
aujourd'hui totalement disparues, se répandaient
à des nombres considérables, parmi le peuple, qui
avait adopté les héros de maître Alcofribas Nasier,
sans comprendre le génie de l'auteur. Ce fut en
1542 que François Juste fit paraître une édition
nouvelle qui réunissait en un seul volume in-16 le
Gargantua et le *Pantagruel*. Rabelais n'avait pas
sans doute corrigé cette édition plus que les autres,
mais il n'eut garde de la désavouer, à cause des
relations amicales qu'il conservait avec le libraire. Il
dut alors prendre fait et cause pour François Juste,
qui eut à se plaindre de la plus déloyale concur-
rence. Étienne Dolet, qui était aussi imprimeur et
libraire à Lyon, ne se fit pas scrupule de publier,
de son côté, sans autorisation de l'auteur, une

nouvelle édition des deux premiers livres, véritable contrefaçon, contre laquelle Rabelais protesta de toutes ses forces. Cette édition ne contenait rien de nouveau, excepté les *merveilleuses Navigations de Panurge*, qu'on peut regarder comme le canevas original du quatrième livre. On ne saurait dire cependant avec certitude si ce canevas a été composé par Rabelais lui-même, ou seulement rédigé, d'après ses idées, par une main étrangère. Il est certain néanmoins que ces *Navigations* furent réimprimées plusieurs fois dans des éditions avouées par Rabelais, sinon faites par lui et sous ses yeux; dans l'édition publiée par Dolet, on trouve à la fin de l'ouvrage une sorte d'épilogue qui semble vouloir clore le roman de *Pantagruel*, et qui n'a pas été reproduit dans la réimpression de François Juste. Voici cet épilogue :

« Comment après que Panurge eust finy ces voyages et fut de repoz en sa maison, il institua telle manière de vivre pour toute la sepmaine à ses gens, et selon la viande le jour :

> Au lundy poix au lart,
> Au mardy canes et canartz,
> Au mercredy pastés de loches,
> Au jeudy chapons en broches,
> Au vendredy poissons de mer,
> Au samedy tard à disner

Et au dimanche
Buvons touts ensemble.

Et feit maistre d'hostel de sa cuysine Frippesaulce,
fort excellent personnage en rotisserie et potages,
et non trop lourd à taster vins à toutes heures. »

N'est-ce pas Rabelais, qui figure ici sous le nom
de Frippesaulce, puisqu'il s'intitulait lui-même
architriclin (1)? Quoi qu'il en soit, Étienne Dolet
ne craignit pas d'annoncer, sur le titre du volume
(in-16 de 350 pages), que l'histoire de *Gargantua*
avait été *prochainement revue et de beaucoup
augmentée par l'autheur mesme.*

Celui-ci était ou plutôt avait été l'ami de Dolet,
qu'il estimait à cause de ses opinions philosophiques et de son érudition réelle ; mais il ne lui pardonna pas d'avoir voulu s'approprier ainsi le bénéfice d'un ouvrage qui était vendu à François Juste ;
l'édition du fameux *Ciceronian* (c'est ainsi qu'on
avait surnommé Dolet, à cause de ses *Institu-
tiones ciceronianæ*) offrait d'ailleurs autant d'al-
térations notables que de fautes grossières. Rabelais réclama et voulut sans doute faire supprimer
cette édition imprimée sans son aveu. Dolet, qui se
vantait tout haut d'être le fils naturel de Fran-

(1) Voy. plus bas sa lettre au grand-bailli d'Orléans.

çois Ier et qui devait à cette prétention, plus ou moins fondée, un orgueil indomptable, répondit aux réclamations de l'auteur, que l'édition, qu'on vendait dans sa boutique, rue Mercière, *à la Dolouere d'or*, avait été publiée en vertu d'un privilége du roi. Ce privilége, on ne l'avait pas mis dans l'édition, et Dolet ne le montrait point. Rabelais et son éditeur n'osèrent cependant poursuivre en justice le contrefacteur, qui avait des appuis considérables parmi les consuls de Lyon. Aussi bien, Rabelais ne s'était pas encore déclaré, en tête de son livre, auteur du *Gargantua* et du *Pantagruel*, quoique tout le monde l'eût reconnu sous le pseudonyme d'*Alcofribas Nasier* : il hésitait sans doute, lui médecin et astrologue, lui prêtre et moine sécularisé, lui chanoine de l'abbaye de Saint-Maur, à revendiquer publiquement la responsabilité d'un ouvrage qui sentait trop l'hérésie, au moment où l'on brûlait partout les hérétiques.

Il laissa donc circuler l'édition de Dolet ; mais, de concert avec François Juste, il en publia une qu'il avait revue avec soin et qui ne portait aucun nom d'imprimeur, sous le titre de *Grandes Annales ou Chroniques très véritables des gestes merveilleux du grand Gargantua et de Pantagruel, son filz, roy des Dipsodes, enchronicquez par feu M. Alcofribas, abstracteur de Quinte-essenee.* Cette édition clandestine, imprimée à Lyon avec la date de 1542, sans privilége du roi et sans permission des consuls, est précédée d'une préface très-vive et très-amère, que Rabelais a mise sur le compte de l'imprimeur anonyme, et qui mérite d'être recueillie comme un souvenir de sa brouille avec son ancien ami Étienne Dolet. Voici cette préface que le savant de la Monnoye, dans une note inédite, attribue également à la plume de Rabelais :

« L'IMPRIMEUR AU LECTEUR, SALUT.

« Afin que tu ne prennes la (faulse) monnoie pour la bonne, aimé Lecteur, et la forme fardée pour la naïve, et la bastarde et adulterine condicion du present œuvre pour la legitime et naturelle, sois adverti que par avarice a été soustrait l'exemplaire de ce livre, encore estant sous la presse, par un plagiaire, homme encliné à tout mal ; et, en desavançant mon labeur et petit profit esperé, a esté par lui imprimé hastivement, non-seulement par avare convoitise de sa propre utilité prétendue, mais aussi et davantage par envieuse affection de la perte et dommage d'autrui, comme tel monstre est né pour l'ennui et injure des gens de bien. Toutefois, pour t'avertir de l'enseigne et marque donnant à connoistre le faux alloi du bon et vrai, sache que les dernières feuilles de son œuvre plagiaire ne sont correspondantes à celles du vrai original, que nous avons

eu de l'autheur, lesquelles aussi, après avoir prins
garde, combien que trop tard, à sa frauduleuse
supplantation, il n'a pu recouvrer. Celui plagiaire
injurieux, non à moi seulement, mais à plusieurs
autres, c'est un Monsieur, ainsi glorieusement par
soi-mesme surnommé, homme tel que chacun sage
le connoit : les œuvres duquel ne sont que ramas
et échantillonneries levées des livres d'autrui, par
lui confusement amoncelées, où elles étoient bien
ordonnées. Dond l'Esperit de Villanovanus se indigne d'estre de ses labeurs frustré. Nizolius en
est offensé, Calepin se sent dérobé, Robert Estienne connoit les plus riches pièces de son tresor
mal derobées et pirement deguisées et appropriées.
De l'Esperit duquel ne sortirent oncques compositions où il eust honneur, ains moquerie dedai-
gneuse. Lesquelles toutefois il ose enrichir et far-
der de braves et magnifiques titres, tellement que
le portal surmonte l'edifice; anoblir du Privilege
du Roi, en abusant le roi et son peuple, pour donner à entendre que les livres des bons auteurs,
comme de Marot, de Rabelais et plusieurs autres,
sont de sa façon. Ne sçait-on pas bien que en certains livres en chirurgie, en pratique et autres, il
a prins argent des imprimeurs et libraires, pour
mettre Privilège du Roi? Cela n'est-ce point abus
digne de peine? Mais, que plus est, qui a oncques
veu ce privilège? A qui l'a-t-il montré? Certaine-

ment pour quelconque requeste oncques à homme
ne l'osa monstrer. Par quoi il est vraisemblable que
possible le roi lui a accordé tel privilege que personne n'ait à vendre ne surimprimer les livres
qu'il aura faits, sinon lui-mesme. Mais la raison?
La raison est pour ce que gens sçavans connoissent
assez qu'il n'a pas esperit ne sçavoir de mettre rien
de soi en lumière, qui soit à son honneur. O la
grande et haute entreprinse et digne de tel homme
inspiré de l'esperit de Ciceron! Avoir redigé en
beau volume le livret et gaigne-pain des petits re-
vendeurs, nommé par les bisouars *fatras à la
douzaine!* Vraiment, on l'en devroit bien remune-
rer et telles besognes méritent bien qu'eveques
et prelats soient par un tel ouvrier emouchez d'argent. Toutefois, après que les montagnes ont été
enceintes et qu'un petit rat seulement en est issu,
le monde ne s'est pu abstenir de rire et se moquer,
en disant : Comment un tel homme qui se dit si
sçavant et si parfait ciceronian se mesle-t-il de faire
ces folies en françois? Que ne se declaire-il en
bonnes œuvres, sans faire ces viedazeries, rognon-
nant, moillant, plaisantant, declarant (car tels sont
ses beaux mots costumiers), viedazant, ladrizant,
et telles couleurs rethoriques qui ne sont pas cice-
ronianes, mais dignes d'estre baillées à mostar-
diers pour les publier par la ville. Adieu, Lecteur,
si es juge. »

L'édition, où se trouvait cette cruelle préface, ne fut pas plus arrêtée que celle d'Étienne Dolet, et les *bisouars* continuèrent à la vendre comme les précédentes, en la colportant par toute la France. Il faut remarquer néanmoins que Rabelais avait supprimé sur le titre du livre le pseudonyme de *Nasier*, pour que l'anagramme de son véritable nom ne fût plus complète; en outre, il s'était placé parmi les auteurs morts, en s'intitulant pour la première fois *feu M. Alcofribas.* Il semblait, par-là, promettre, à ses ennemis les *caphards engipponnez*, de ne jamais publier son *tiers livre*, qui était fait dès cette époque et qui probablement avait déjà circulé manuscrit.

Ces débats d'intérêts littéraires et ces pourparlers de l'auteur avec son libraire (il eût été dangereux de traiter des affaires aussi délicates par correspondance) motivèrent au moins un court séjour de Rabelais à Lyon, où il avait de vrais amis et de chauds admirateurs. Ce prototype de Panurge, ce joyeux *disciple de Pantagruel*, que l'on voit sans cesse tourmenté du besoin de changer de lieu et d'occupation, n'était pas homme à se confiner chanoine à Saint-Maur, lorsqu'un Bref du pape lui donnait la licence de se transporter partout où bon lui semblerait pour l'exercice charitable de la médecine. Il allait volontiers en voyage, et il séjournait tantôt dans une ville et tantôt dans une autre; il visitait ses vieux amis de jeunesse, Antoine Ardillon à Fontenay-le-Comte, Geoffroi d'Estissac à Legugé ou à l'Ermenaud, Jean Bouchet à Poitiers, André Tiraqueau à Bordeaux, où ce savant jurisconsulte avait été nommé conseiller au parlement; il résidait fréquemment à Chinon, où il avait des parents, entre autres un neveu apothicaire, du même nom que lui (1). Si le clos de la Devinière était sorti de ses mains à la mort de son père, il possédait encore l'hôtellerie de la Lamproie, et y conservait une chambre modeste, que sa mémoire fit respecter longtemps après lui (2). Assis devant sa porte, il regardait les joueurs de boule dans le jardin ou *courtil* de l'hôtellerie, et peut-être fréquentait-il encore le caba-

(1) *Jugements sur les OEuvres de Rabelais*, p. 5.

(2) « Chinone hospitium habebat (Thuanus) in domo oppidi amplissima, quæ quondam Rabelæsi fuit... domus ejus publico diversorio, in quo perpetuæ comessationes erant, hortus adjacens ad ludum oppidanis per dies festos se exercentibus. » J.-A. Thuani *Commentariorum de vita sua*, l. vi. —Dans un endroit du ive livre de *Pantagruel*, Rabelais parle du jeu de boule en homme qui connaît ce jeu et qui l'aime. Il y a dans les éditions de Le Duchat plusieurs gravures représentant l'hôtellerie de la Lamproie et la chambre de Rabelais, telles qu'elles étaient encore à la fin du xviie siècle.

ret de la Cave-Peinte, auquel il revient toujours avec émotion dans son *Pantagruel*, ce cabaret fameux, où l'on montait de la basse ville *par autant de degrés qu'il y a de jours en l'an*, et où l'on voyait sur les murailles une fresque grossière représentant un sujet bachique (1).

C'était surtout chez les frères du cardinal Du Bellay, qu'il *buvait* et *mangeait* ordinairement, comme il faisait à Rome chez le cardinal ou chez M. de Mâcon, et ses anciens camarades du couvent de la Basmette l'accueillaient toujours avec plaisir. Tantôt, il se retirait en Normandie, auprès de Martin Du Bellay, lieutenant général de la province, et *roi* d'Yvetot par son mariage avec Élisabeth du Chenu, propriétaire de cette principauté : Martin Du Bellay écrivait alors les Mémoires de ses négociations et de ses campagnes; tantôt, il se rendait auprès de René Du Bellay, évêque du Mans, le plus jeune des quatre frères, et participait sans doute aux expériences de physique du savant prélat, qui était passionné pour les sciences naturelles; mais Rabelais se trouvait plus souvent encore dans la maison de Guillaume Du Bellay, seigneur de Langey.

Guillaume n'était pas moins lettré que ses frères.

---

(1) *Pantagruel*, l. V, c. xxxv; et les annotations intitulées *Alphabet de l'Auteur françois*.

Grand capitaine et habile négociateur, il avait eu part à tous les événements politiques du règne de François Ier, et il voulait, comme César, immortaliser ses guerres et ses ambassades par ses écrits : il rédigeait donc ses *Ogdoades* (1), histoire divisée en huit parties, de huit livres chacune, et l'on a prétendu que cette rédaction latine, qui demandait une plume aussi facile qu'élégante, était sortie de la plume de Rabelais. Au reste, Rabelais avait, sous son propre nom, composé en latin un ouvrage particulier sur les entreprises militaires du seigneur de Langey pendant la troisième guerre de l'Empereur contre François Ier ; cet ouvrage est aujourd'hui perdu, de même que les *Ogdoades* de Guillaume Du Bellay, et l'on ne possède pas même un exemplaire de la traduction, publiée sous ce titre : *Stratagemes, c'est à dire proesses et ruses de guerre du preux et tres celebre chevalier Langey, au commencement de la tierce guerre Cesarienne, traduit du latin de F. Rabelais par*

_____

(1) Martin Du Bellay, dans ses *Mémoires*, dit en parlant des Ogdoades : « Toutesfois, son labeur nous est demeuré inutile, par la malice de ceux qui ont desrobé ses œuvres, voulant ensevelir l'honneur de leur prince ou de leur nation, ou faisant leur compte peut-estre, qu'à succession de temps ils en pourront faire leur profit, en changeant l'ordre et desguisant un peu le langage, etc. »

Claude Massuau (Lyon, Seb. Gryphius, 1542, in-8°) (1). Ce livre n'a pu disparaître complétement, que par suite d'un accident qui aurait détruit toute l'édition, au moment même où elle fut publiée.

Rabelais se trouvait en Piémont, auprès de Guillaume Du Bellay, à la fin de 1542, lorsque ce vieux seigneur, qui était lieutenant général des armées du roi dans le pays, ayant été averti, par ses espions, d'une intrigue secrète de Charles–Quint contre François Ier, ne balança pas à partir sur-le-champ, malgré son grand âge, ses infirmités, et la rigueur de la saison, pour aller en personne informer le roi de ce qui se passait. Rabelais ne comptait que des amis dans la maison de Guillaume Du Bellay, composée alors de François de Genouillac, seigneur d'Assier; de François Érault, seigneur de Chemant; du seigneur de Mailly, du seigneur de Saint-Ay, et de Jacques d'Aunay, seigneur de

(1) C'est du Verdier qui cite ce livre dans sa *Bibliothèque françoise*, et il en donne le titre d'une manière trop positive pour qu'on puisse douter de son existence. M. Eloi Johanneau, dans une note de son édition de Rabelais, t. VI, p. 257, dit qu'il possédait cette traduction introuvable, avec le titre de *Discipline militaire*, Lyon, 1592, in-8°; mais il se trompait évidemment, car la *Discipline militaire* est un ouvrage, d'ailleurs bien connu, de théorie et non d'histoire.

Villeneuve-le-Guyard ; de Gabriel Taphenon, médecin ; de Cohuau, Massuau, Majorici, Bullou, Cercu dit Bourguemaître, François Proust, Charles Girard, François Bourré, et autres *serviteurs*. Au sortir de Lyon, Guillaume Du Bellay, qui voyageait en litière, parce qu'il était trop perclus et trop cassé pour faire la route à cheval, se sentit si mal, qu'il fut forcé de s'arrêter dans le bourg de Saint-Symphorien : il comprit, dès le premier moment, qu'il n'en relèverait pas. Tous ses domestiques, effrayés des *prodiges tant divers et horrifiques qui s'étaient succédé depuis quelques jours, se regardoient les uns les autres en silence, sans mot dire de bouche, mais bien touts pensant et prévoyant en leurs entendements, que de brief seroit France privée d'un tant parfaict et nécessaire chevalier à sa gloire et protection.* « Les trois et quatre heures avant son décès, raconte Rabelais, il employa en paroles vigoureuses, en sens tranquille et serein, nous prédisant ce que, depuis, part avons vu, part attendons advenir. » Ces prophéties firent une profonde impression sur les assistants, et Rabelais lui-même, malgré son peu de confiance dans les horoscopes, resta convaincu que l'avenir se dévoilait quelquefois aux vieillards mourants (1).

(1) *Pantagruel*, liv. III, c. XXI; l. IV, c. XXVII.

Guillaume Du Bellay, dans son testament, n'oublia aucun de ceux qui entouraient son lit de mort : il légua une rente annuelle de cinquante livres tournois à Rabelais, laquelle lui serait payée, tant qu'il n'aurait pas en bénéfices un revenu de trois cents livres au moins (1). Ce legs nous apprend qu'une prébende de chanoine n'était guère productive au couvent de Saint-Maur des Fossés, ou bien que Rabelais ne touchait pas le revenu de la sienne. Tout nous porte à croire que l'évêque du Mans, René Du Bellay, sans doute pour remplir le vœu de son frère Guillaume, conféra une cure de son diocèse à Rabelais, qui s'y faisait remplacer par un coadjuteur, et qui en avait les produits, sans être obligé à résidence et même sans porter le titre de curé. C'est la paroisse de Saint-Christophe de Jambet, que Rabelais tenait ainsi en fermage (2).

Après la mort de Guillaume Du Bellay, *maître François* entretenait des relations amicales avec les gentilshommes qu'il avait connus dans la maison du défunt, et à qui peut-être il dicta cette belle épitaphe pour le grand homme qu'ils pleuraient ensemble :

(1) Note de Le Duchat, dans son édition de Rabelais, c. xxvii du liv. IV.

(2) Voy. plus loin l'abandon que Rabelais fit de cette cure en 1552.

Ci-gît Langey, dont la plume et l'épée
Ont surmonté Cicéron et Pompée.

Le seigneur de Saint-Ay paraît être un de ceux
que Rabelais voyait le plus intimement. On croit
que le château de Saint-Ay, près d'Orléans, recevait souvent ce joyeux hôte qui savait se faire
partout des amis, par cette intarissable gaîté et
cette franchise cordiale, qu'il puisait dans son *pantagruélisme*. Une lettre, datée de ce château, la
seule lettre dans laquelle éclate son humeur facé-
tieuse, nous le montre tel qu'il était dans le commerce ordinaire de la vie, avec les bourgeois comme
avec les grands seigneurs, avec les gens les plus
graves comme avec les plus légers. Cette lettre,
que nous reproduisons avec son orthographe et
ses obscurités, est adressée au grand-bailli d'Orléans (1) :

(1) Cette lettre, qui ne se trouve que dans l'édition
in-4° de Le Duchat, sans que son origine y soit indiquée,
existe dans les véritables Journaux de l'Estoile, publiés
pour la première fois dans la collection des Mémoires
relatifs à l'histoire de France, par Petitot et Mon-
merqué. On la lit sous la date du jeudi 22 janvier 1609,
avec cette note qui ne laisse aucun doute sur son
authenticité : « M. Dupuy m'a donné la suivante lettre
de Rabelais, plaisante, mais véritable, extraite de l'original. » L'original n'a pu être retrouvé dans les

« A M. LE BAILLIUF DU BAILLIUF DES BALLIUFS,
M. MAISTRE ANTOINE HULLET, SEIGNEUR DE LA
COURT POMPIN, EN CHRISTIANTÉ, A ORLÉANS.

« *He, pater reverendissime, quomodo brustis?
Quæ nova? Parisius non sunt ava* (1) ? Ces paroles,
proposées devant vos Reverences, translatées de
patelinois en nostre vulgaire orleanois, valent autant à dire comme si je disois : « Monsieur, vous
soiés le tresbien revenu des nopces de la feste de
Paris. » Si la vertu de Dieu vous inspiroit de transporter votre paternité jusques en cestui hermitage,
vous nous en raconteriez de belles : aussi, vous
donneroit le seigneur du lieu certaines espèces de
poissons carpionnez, lesquels se tirent par les che-

manuscrits de Dupuy. Nous avons cependant préféré
le texte des Journaux de l'Estoile, à celui de l'édition
de Le Duchat. (Cette édition nomme la personne à qui
la lettre est adressée : *Ant. Gullet, seigneur de la Cour
Compin en chrestienté.*) Nous ne serions pas éloigné de
reconnaître dans le *bailli Antoine Gullet* (ou plutôt
Gallet) Ulrich Guallet, maître des requêtes de Picrochole. Voy. le *Gargantua.*

(1) Ce sont trois vers, en latin macaronique, que
maître Pierre Pathelin prononce, dans son délire si-
mulé, en présence du drapier qui vient réclamer le
prix de son drap. Voy. la *Farce de Pathelin.*

veux. Or vous le ferés, non quand il vous plaira, mais quand le vouloir vous y apportera de cellui grand, bon, piteux Dieu, lequel ne crea onques le karesme, ouï bien les salades, harancs, merlus, carpes, brochets, dars, umbrines, ablettes, rippes, etc. *Item*, les bons vins, singulièrement celui *de veteri jure enucleando*, lequel on garde ici à vostre venue, comme un Sang-greal, et une seconde voire Quintessence. *Ergo veni, Domine, et noli tardare*, j'entends *salvis salvandis*, *id est*, *hoc est*, sans vous vouloir incommoder ne vous distraire de vos affaires plus urgens.

« Monsieur, après m'estre de tout mon cueur recommandé à vostre bonne grace, je prierai Nostre Seigneur vous conserver en parfaite santé. De Saint-Ay, ce premier jour de mars.

« Votre humble architriclin et ami,

« Franç. RABELAIS, *medecin*.

« M. l'Esleu Pailleron trouvera ici mes humbles recommandations à sa bonne grace ; aussi, à madame l'Esleu et à M. le bailliuf Daniel et à tous vos autres bons amis et à vous. Je prierai M. le Seeleur m'envoyer le Platon, lequel il m'avoit presté : je lui renvoierai bientost. »

Avec un esprit aussi jovial, qui ne savait pas retenir un bon mot ni un éclat de rire, Rabelais

devait être impatient de publier la suite de son
Pantagruel, promise depuis plus de dix ans au
public, et livrée seulement en confidence à la dis-
crétion d'un petit nombre d'amis. Ceux-ci le dé-
tournaient probablement de s'exposer aux dangers
de cette publication, vis-à-vis des arrêts terribles
que le Parlement de Paris avait déjà rendus contre
certains livres hérétiques et leurs auteurs : Étienne
Dolet avait été condamné à mort et brûlé vif en 1543 ;
Bonaventure Des Periers, accusé de luthéranisme,
s'était jeté sur la pointe de son épée, afin de se
soustraire à un procès criminel *de religion,* en 1544;
Clément Marot, que la prison et l'exil auraient dû
mieux armer de prudence, venait de s'enfuir encore
une fois, en 1545, après avoir *translaté* en vers
français les *Psalmes* de David, que Goudimel
avait mis en musique pour l'Église de Genève.
Rabelais, loin d'être effrayé de ces tristes exemples,
qui le menaçaient d'un sort pareil, n'éprouvait
que plus d'ardeur à poursuivre les inquisiteurs
sorbonnistes et à venger ses trois malheureux
amis.

Il mit sous presse le *tiers* livre de son ouvrage
satirique, sans s'inquiéter de ce qui en arriverait.
C'était un fait bien audacieux et presque insensé,
qu'une semblable publication dans un moment où
l'on incriminait l'Évangile et les Psaumes *transla-
tés;* où l'on menait au bûcher et au gibet tant de

pauvres victimes coupables d'avoir prié Dieu en français. On a tout lieu de supposer que les puissants protecteurs de Rabelais, tels que Geoffroi d'Estissac, Odet de Châtillon, Pierre du Châtel, etc., qui favorisaient les progrès de la *religion* en France, placèrent le *Pantagruel* sous la sauvegarde d'un privilége du roi. Ce privilége, dans lequel on croit reconnaître l'auteur à certains traits qui ne rentrent guère dans le style ordinaire de la chancellerie, fut peut-être rédigé par Rabelais lui-même et présenté à la signature du roi par son aumônier et lecteur, l'évêque de Tulle, Pierre du Châtel, le Mécène déclaré des gens des lettres, et le soutien occulte des protestants. Il y avait presque de la bouffonnerie à prétendre que les deux premiers volumes des *Faits et dicts héroicques* de Pantagruel, *non moins utiles que délectables*, avaient été corrompus et pervertis en plusieurs endroits par les imprimeurs, et que ce seul motif avait empêché l'auteur de publier *le reste et sequence* de son œuvre. François Ier signa pourtant cet étrange privilége :

« François, par la grâce de Dieu, roy de France, au prévost de Paris, bailly de Rouen, séneschaux de Lyon, Toulouse, Bordeaux et de Poitou, et à tous nos justiciers et officiers, ou à leurs lieutenants, et à chacun d'eux, si comme à luy il appartiendra, salut. De la partie de nostre aimé et féal

maistre François Rabelais, docteur en médecine
de nostre Université de Montpellier, nous a esté
exposé que iceluy suppliant ayant par cy-devant
baillé à imprimer plusieurs livres, mesmement
*deux volumes des Faits et dicts héroicques de
Pantagruel*, non moins utiles que délectables, les
imprimeurs auroient iceulx livres corrompu et
perverti en plusieurs endroits, au grand desplaisir
et détriment dudit suppliant, et préjudice des lec
teurs : dont se seroit abstenu de mettre en public le
reste et sequence desdits Faits et dicts héroicques.
Estant toutesfois importuné journellement par les
gens sçavants et studieux de nostre royaume et
requis de mettre en l'utilité comme en impression
ladite sequence, Nous auroit supplié de luy octroyer
privilége à ce que personne n'eust à les imprimer
ou mettre en vente, fors ceux qu'il feroit imprimer
par libraires exprès, et auxquels il bailleroit ses
propres et vraies copies, et ce pour l'espace de dix
ans consécutifs commençans au jour et date de
l'impression de sesdicts livres. Pour quoy, Nous,
ces choses considérées, désirant les bonnes lettres
estre promues par nostre royaume à l'utilité et
érudition de nos sujets, avons audit suppliant
donné privilége, congié, licence et permission de
faire imprimer et mettre en vente, par tels libraires
expérimentez qu'il avisera, sesdits livres et œuvres
conséquens des Faits héroicques de Pantagruel,

commençans au troisième volume, avec pouvoir et puissance de revoir et corriger les deux premiers, par cy-devant par lui composés, et les mettre ou faire mettre en nouvelle impression et vente, faisans inhibition et défense, de par Nous, sur certaines et grandes peines, confiscation des livres ainsi par eux imprimés, et d'amende arbitraire à tous imprimeurs et autres qu'il appartiendra, de non imprimer et mettre en vente les livres ci-dessus mentionnez, sans le vouloir et consentement dudit suppliant, dedans le terme de six ans consécutifs commençans au jour et date de l'impression de sesdicts livres, sur peine de confiscation desdicts livres imprimez et d'amende arbitraire. De ce faire vous avons, chacun de vous, si comme à luy appartiendra, donné et donnons plein pouvoir, commission et auctorité ; mandons et commandons à tous nos justiciers, officiers et sujéts, que de nos présents congié et privilége et commission ils fassent, souffrent et laissent jouir et user ledit suppliant paisiblement, et à vous, en ce faisant, estre obéi, car ainsy Nous plaist-il estre fait. Donné à Paris, le dix-neuviesme jour de septembre, l'an de grâce mille cinq cent quarante-cinq, et de notre règne le XXXIᵉ.

« Ainsi signé par le Conseil :

« DELAUNAY ;

« Et scellé sur simple queue de cire jaune. »

Ce privilége accompagna *Le Tiers livre des Faictz et dictz heroicques du noble Pantagruel, composez par M. François Rabelais, docteur en médicine et calloïer des isles d'Hieres* (Paris, Chrestien Wechel, rue Saint-Jacques, à l'Écu de Bâle, 1546, in-8o, en lettres italiques). Cette édition originale fut réimprimée avec le privilége, et, par conséquent avec le consentement de Rabelais, à Toulouse, chez Jacques Fornier, et à Lyon, sans nom de libraire, probablement chez François Juste. Ces trois éditions portent sur le titre ce singulier avis aux lecteurs : *L'Auteur susdit supplie les lecteurs bénévoles soy réserver à rire au soixante-et-dix-huictiesme livre.* On conçoit l'empressement des lecteurs, à l'apparition de ce livre si longtemps désiré : amis et ennemis, admirateurs et zoïles, se disputèrent les nombreux exemplaires, dont le privilége du roi protégeait la circulation par toute la France. Rabelais osait enfin avouer le *Pantagruel,* et remplacer par son véritable nom le pseudonyme *d'Alcofribas Nasier :* la qualification de *calloïer des isles d'Hieres,* qu'il prenait à côté de son titre de docteur en médecine, équivalait sans doute, dans son esprit, à celle de *chanoine de Saint-Maur des Fossés.*

Le *tiers* livre surpassa l'attente du public, qui s'attendait à y trouver seulement toutes les extravagances bouffonnes du premier *Gargantua,* selon la promesse que l'auteur avait faite dans le chapitre final de la Chronique de Pantagruel : *Comment Panurge fut marié, et cocu dès le premier mois de ses nopces; comment Pantagruel trouva la pierre philosophale, et la manière de la trouver, et d'en user; comment il passa les monts Caspies; comment il naviqua par la mer Atlantique et deffict les Cannibales*, etc. Rabelais, lorsqu'il écrivait son *Pantagruel* en 1535, avait probablement l'intention de continuer, dans le genre des derniers chapitres de ce *second* livre, un roman fantastique, destiné au peuple et par conséquent assaisonné au goût du peuple; mais les conseils de ses amis et l'approbation des gens lettrés l'avaient décidé sans peine à donner la préférence au genre des premiers chapitre du *Pantagruel*, et le nouveau *Gargantua*, exécuté d'un seul jet d'après ce modèle, encouragea l'auteur à relever et à perfectionner encore sa manière dans les livres suivants.

Ce n'était plus une parodie burlesque de romans de chevalerie, qu'il voulait faire : c'était la critique du monde, la comédie de l'homme, la révélation de la plus haute philosophie. Il aborda franchement son sujet dans ce troisième livre, où il n'était plus gêné ou entraîné par des souvenirs de jeunesse personnels, ou par ces allégories aussi obscures qu'imperceptibles, qu'il avait pris plaisir à

glisser sous le masque de ses personnages : dans
les deux premiers livres de son œuvre, en effet,
il était toujours resté en Touraine, en plein Chino-
nois, sous le clocher de Seuillé, à Lernay ou bien
à la Roche-Clermaut; il avait peut-être peint d'a-
près nature le moine Buinart, sous le nom de
Frère Jean des Entommeures; le médecin Gaucher
de Sainte-Marthe, sous les traits de Picrochole;
le bailli Antoine Gallet, seigneur de la Cour Compin, sous le masque d'Ulrich Guallet, etc. ; il avait
appliqué des caractères véritables à des êtres de
fiction, environnés de circonstances réelles, et placés sur une scène connue ; mais le mérite des portraits et des allusions locales avait échappé à tout
le monde, excepté aux bons habitants de Fontenay-
le-Comte et des environs. Dans le *tiers* livre, au
contraire, Rabelais agrandissait son cadre et commençait à tracer un plan plus favorable aux digres-
sions philosophiques et satiriques qui devaient dès
lors s'incorporer à son roman bouffon.

Pantagruel cessa d'être le héros de l'ouvrage : ce
fut Panurge, cette création favorite de Rabelais,
qui se laissa plus d'une fois aller à penser lui-même
tout haut, avec le *châtelain de Salmigondin*, mangeant son blé en herbe, louant les *debteurs*, se
conseillant à Pantagruel *pour sçavoir s'il se doit
marier, patrocinant à l'ordre des fratres mendiants*, etc. Rabelais, abandonnant tout à fait les

géants et leurs *horribles et épouvantables faits*,
passe en revue un à un les principaux individus
qui formaient la tête de la société par leur réunion
et leurs rapports entre eux : le théologien, le medecin, le légiste, le philosophe; admirables études
physiologiques qui dominent dans ce livre, où les
plus hautes questions morales sont traitées avec
une raison supérieure et en même temps avec une
gaîté inextinguible. Quant à l'histoire naturelle du
pantagruélion, qui n'était autre que le chanvre
avec lequel, en ce temps-là, on espérait étouffer
la Réforme en pendant les hérétiques, il fallait bien
de la perspicacité pour pénétrer cette énigme, un
peu plus intelligible pourtant que celles des *Fan-
freluches antidotées*, du *Gargantua*.

Il y eut un cri de fureur contre Rabelais, chez
les moines et les docteurs en théologie, qu'il n'avait
pas plus ménagés dans ce livre que dans les deux
précédents. « Arrière, cagots! leur disait-il dans
son Prologue. Aux ouailles, mastins! Hors d'icy,
cafards de par le diable! Hai, estes-vous encore
là! Je renonce ma part de papimanie, si je ne vous
happe! » On tint conseil à la Sorbonne, on y éplu-
cha le volume suspect, et l'on y découvrit de quoi
condamner vingt fois l'auteur, si ce n'était assez
d'une; on s'arrêta particulièrement au chapitre
XXII, qui contenait, en un seul mot, trois fois
répété, toute une prévention d'athéisme: on y lisait

son asne au lieu de *son asme*, et cette triple équivoque ne permettait pas de laisser soupçonner une faute d'impression. Mais le privilége du roi retint pourtant les foudres de la Sorbonne, qui envoya demander à François Ier la permission de poursuivre et de faire condamner le livre, à l'occasion duquel sa bonne foi avait été surprise.

François Ier n'avait pas lu *le Tiers livre,* qu'on lui dénonçait comme un abominable ramas d'impiétés ; il se repentit d'avoir accordé un privilége de dix ans à ce livre, et il eut l'idée, suggérée sans doute par Pierre du Châtel, de juger par lui-même jusqu'à quel point Rabelais était coupable. « Et curieusement ayant, par la voix et prononciation du plus docte et fidèle anagnoste (lecteur) de ce royaume, ouï et entendu lecture distincte d'iceulx livres... n'avoit trouvé passage aucun suspect, et avoit eu en horreur quelque mangeur de serpents, qui fondoit mortelle hérésie sur un ɴ pour un ᴍ par la faute et négligence des imprimeurs. » (1). Le roi refusa donc d'autoriser des poursuites contre le bon *calloïer des isles d'Hieres.*

Il paraîtrait cependant que l'on avait attribué à Rabelais plusieurs livres infâmes, qui n'étaient pas de lui ou qui lui avaient été dérobés entre ses

---

(1) Épitre au cardinal de Châtillon, en tête du ɪᴠᵉ livre.

manuscrits, comme les fragments du quatrième
livre qu'on publia bientôt sans son aveu. Il protesta toujours contre ces publications subreptices,
en déclarant que le *Gargantua* et le *Pantagruel*
étaient bien à lui : *Je le dis, parce que meschan-*
tement on m'en a supposé aucuns faux et in-
fâmes. Dans la contrefaçon du *Gargantua* et du
Pantagruel, qui avait paru à Lyon en 1542, chez
Étienne Dolet, cet imprimeur s'était montré assez
peu soigneux de la réputation littéraire de son ami ;
car il avait ajouté à cette édition, qu'il annonçait
comme *revue par l'auteur*, un opuscule que celui-
ci ne pouvait pas avouer : *Le Voyage et naviga-*
tion que fit Panurge, disciple de Pantagruel,
aux Isles inconnues. Ces Navigations de Panurge, réimprimées dans plusieurs éditions, sont
certainement de la même main que le *Pantagruel*,
puisqu'elles présentent, d'une manière informe, il
est vrai, la substance du quatrième livre non encore élaboré (1) ; il est permis de penser que Dolet
les avait dérobées dans les papiers de Rabelais,
sans le consentement duquel il les publia. Ce fut

---

(1) En outre, on y trouve la liste des danses, laquelle est reproduite mot à mot dans un chapitre
inédit du vᵉ livre, chapitre que nous avons publié
pour la première fois dans notre édition des OEuvres
de Rabelais.

peut-être là un de ces abus de confiance que Clément Marot reprocha publiquement à Dolet, lorsque la mésintelligence eut éclaté entre eux, peu de temps avant le procès et la fin tragique du savant imprimeur de Lyon.

Mais il est impossible de reconnaître, dans les *Navigations de Panurge*, réimprimées sous différents titres (1), ces livres *infâmes*, publiés alors sous le nom de Rabelais ou colportés manuscrits à la cour, livres dont le titre même n'est pas venu jusqu'à nous. « On a mis au jour, dit Martial Roger de Limoges, dans ses lettres inédites, deux livres de *Lucianistées* et d'*Icadistées*, dont j'oserais à peine prononcer les horribles noms ; car ils sont sortis de l'imagination d'un hérétique (*ex cerebro saturnino*). On assure que Rabelais en est l'auteur » (2). Ces coupables jeux d'esprit (*nefanda ludicra*) étaient sans doute un mélange de l'obscénité de Lucien et de l'athéisme d'Épicure,

_____

(1) *La Navigation du Compaignon à la Bouteille.* Rouen, Robert et Jehan du Gort, 1545, in-16. — *Le Disciple de Pantagruel ou Voyage et navigation que feit Panurge, disciple de Pantagruel, aux isles inconnues et estranges.* Paris, Denys Janot, sans date, in-16. — *Bringuenarilles, cousin germain de Fessepinte.* Rouen, Robert et Jehan du Gort, 1544, in-16, etc.

(2) Ces lettres latines manuscrites sont citées par Antoine Le Roy, *Elog. Rabel.*, IIe partie, p. 86.

qui avait eu autrefois un culte et des fêtes nommées *Icades*.

Rabelais, voyant que ses ennemis réunissaient leurs forces pour l'attaquer avec avantage, malgré la protection du roi et de la cour, évita de leur fournir de nouvelles armes, en réimprimant lui-même les deux premiers livres de son roman ; car le privilége du *tiers* livre l'autorisait *à mettre en nouvelle impression* les volumes précédents, avec *pouvoir et puissance* de les revoir et corriger, puisqu'il les avait déclarés *corrompus et pervertis en plusieurs endroits :* il eût donc été forcé de les purger d'hérésie, à l'aide de suppressions considérables, ou bien de se donner un démenti éclatant, en conservant ces volumes dans leur intégrité. Il s'abstint de prendre part, du moins ouvertement, aux éditions qui se firent des deux premiers livres, qu'il avait désavoués, et qu'on vit reparaître, sous son nom, en divers lieux ; il se préserva ainsi des poursuites auxquelles auraient pu fournir un prétexte ces éditions entièrement conformes aux anciennes, s'il les eût approuvées et reconnues. Le bruit courut alors que le fameux imprimeur Henri Étienne, qui se rapprochait beaucoup de Rabelais par la tournure de son esprit, la tendance de sa philosophie et l'étendue de son érudition, était l'auteur d'un quatrième livre de *Pantagruel*, prêt à paraître, aussi bien que des passages hérétiques ou impies, interpolés dans les trois livres déjà publiés (1).

Une partie seulement de ce quatrième livre annoncé parut, en effet, à la suite du troisième, dans une édition datée de 1547, chez Claude de La Ville, imprimeur de Lyon et de Valence (3 part., in-16), édition contrefaite, l'année suivante, avec les mêmes noms de lieux et d'imprimeur. Dans ces éditions, le texte des trois premiers livres offre un grand nombre de variantes qui ne portent pas le cachet de Rabelais, et les onze premiers chapitres du quatrième livre, précédés du Prologue, diffèrent aussi du texte donné par l'auteur six ans après. On a eu raison d'avancer que ce fragment du quatrième livre avait été volé à Rabelais et imprimé sur une copie subreptice (2), de même que les *Navigations de Panurge*. Rabelais ne semble pas avoir protesté contre ce larcin, si ce n'est par la publication séparée du Prologue de son quatrième livre (sans date, in-16, goth.), adressé en remercîments à ses admirateurs. Les *buveurs très-illus-*

---

(1) Quidam librum Pantagruelis quartum Henrico Stephano adscribunt, nec desunt Pantagruelistica volumina tribus duntaxat compacta libris ; vel saltem quartum illum ab eodem Stephano depravatum alii volunt. (*Elog. Rabel.*, IIe part. p. 86.)

(2) Voy. la Notice des éditions de Rabelais, dans l'édition de M. de L'Aulnaye.

tres et les *goutteux très-prétieux* de la cour lui avaient envoyé un présent, avec une lettre très-flatteuse, dans laquelle ils lui déclaraient *n'avoir esté faschés en rien par tous ses livres cy-dêvant imprimés* et avoir surtout trouvé bon le *vin du tiers livre*, en sorte qu'ils l'invitaient à continuer l'*Histoire pantagruéline.* Leur présent consistait en un large flacon d'argent, ayant la forme d'un bréviaire magnifiquement relié, garni de riches fermoirs, orné d'inscriptions appropriées au sujet et parsemé de *crocs* et de *pies* en or, rébus de Picardie qui signifiait *vider bouteille.* Les signets de ce bréviaire indiquaient les différentes sortes de vins rouges et blancs, que le *Calloïer des isles d'Hières* devait boire à prime, tierce, sexte, none, vêpres et complies. Rabelais rendit grâces aux donateurs, en se plaignant des calomnies auxquelles il était en butte et en maudissant les calomniateurs : il répéta ce qu'il avait déjà dit sur la destination de ses livres, composés pour réjouir et consoler les malades, *sans offenses de Dieu, du roy ni d'autre, mais descriés et calomniés* par les prêtres, *cafards, cagots, matagots, bottineurs, burgots, patepelues, porteurs de rogatons, chatemites, vrais diables engipponnés.* C'était un nouveau défi que Rabelais portait à ses ennemis.

Il se sentait assez fort pour leur tenir tête, soutenu qu'il était par les pantagruélistes de la cour;

car on peut regarder comme certain que les écrits
de Rabelais avaient fondé une espèce de société
secrète, une franc-maçonnerie bachique, à laquelle
s'empressaient de s'affilier tous les jeunes seigneurs, entraînés par les poëtes libertins, incrédules
ou novateurs, que l'exemple de Marot, de Des Periers et de Dolet n'avait pas rendus plus sages.
Chascun s'est voulu mesler de pantagruéliser,
dit Du Verdier, qui fut presque contemporain de
Rabelais. Le *pantagruélisme* est défini par Rabelais
lui-même dans le Nouveau Prologue du quatrième
livre : « C'est certaine gaîté d'esprit, confite en
mespris des choses fortuites. » On ne s'étonnera
pas que cette philosophie, qui proclamait pour apôtres Épicure, Lucien et Horace, ait séduit les imaginations voluptueuses, ardentes et déréglées des
demi-dieux de la Pléiade, qu'on vit bientôt renouveler, dans la célèbre orgie d'Arcueil, les fêtes antiques de Bacchus, offrir à Jodelle un bouc cou-
ronné de fleurs, chanter *Évohé*, réciter des dithy-
rambes et répandre le vin à flots en l'honneur de
l'Olympe païen. Rabelais était lié d'amitié avec tous
les poëtes de la Pléiade, et particulièrement avec
Ronsard, Baïf, Ponthus de Thiard, Remy Belleau
et Joachim Du Bellay, neveu du cardinal.

Cette amitié, que la poésie et l'érudition avaient
formée, ne fut pourtant pas de longue durée, et
nous trouvons, dans les œuvres de Ronsard et de

Joachim Du Bellay, imprimées, il est vrai, après la mort de Rabelais, la triste preuve des profonds dissentiments qui avaient éclaté entre des hommes si bien faits pour s'entendre et pour s'estimer mutuellement. Les attaques dirigées contre la mémoire de Rabelais, par ses anciens compagnons de table et de philosophie, sont si violentes, si pleines de fiel et d'hyperbole, qu'on est forcé de les attribuer à une haine irréconciliable. Nous en ignorons la cause ; mais la découverte d'un manuscrit qui est incontestablement de la main de Rabelais (Bibl. imp., Manuscrits de Baluze, nᵒ 8421, infol.) nous permet de hasarder une conjecture que justifierait sans doute un examen critique de ce manuscrit (1). Joachim Du Bellay avait, par des

(1) Il a été publié, dans le *Bulletin des Arts*, année 1845-1846, différents extraits de ce manuscrit, qui n'est pas encore reconnu pour un *brouillard*, en partie autographe, de Rabelais, parce qu'on n'a point étudié les nombreux documents historiques qu'il renferme. Rien ne serait plus aisé que de démontrer l'authenticité de ce manuscrit, qui a été fait de plusieurs mains, et à diverses époques. Il offre un grand nombre de pièces de vers latins, composées par Rabelais, surtout en Italie, et mêlées à d'autres qui ne sont pas de lui, mais qu'il a corrigées, après les avoir recueillies. Il y en a de Fracastor, du cardinal Du Bellay, de Buonamici, etc. On en remarque une de Villeneuve-les Guyard, un des secrétaires du seigneur de Langey.

rapports vrais ou mensongers, essayé de brouiller
Rabelais avec ses maîtres et ses bienfaiteurs, les
frères Du Bellay ; ces calomnies ou ces médisances
ne prévalurent peut-être pas contre un dévouement
de trente ans, mais il en résulta des contrariétés
et des chagrins pour Rabelais, qui se vengea par
des épigrammes. Celle-ci, adressée à son détrac-
teur, *in Detractorem*, fut suivie d'une foule d'autres, non moins sanglantes :

Impia lingua, tace demum ; cessa, impia tandem
   Lingua, Lycaoniis dilaceranda lupis !
Tu servos dominis infestos perfida reddis,
   Tu natum a charo sæva parente trahis ;
Niteris a dulci teneram removere maritam
   Conjuge, quos tenuit pectoris altus amor ;
Te duce, fraterni, facinus ! lacerantur amores ;
   Ipsa odium, rixas, dissidiumque seris ;
Nec tantum arma nocent quantum tua lingua susurro ;
   Nec tantum damni dira cicuta trahit.
Quid tibi pro meritis dignum, mala lingua, precabor
   Supplicium ! Omnis erit crimine pœna minor.
Di faciant sileas æternum, usumque loquendi
   Eripiant, prostes ne, mala lingua, diu !

Joachim Du Bellay était homme à répondre dans
ce même style ; il répondit, « et voilà la guerre al-
lumée ! » De même que dans la querelle de Clément Marot contre François Sagon, Joachim Du

Bellay, qui avait beaucoup de partisans dans le monde de la Pléiade, leur fit partager son ressentiment contre Rabelais et les entraîna l'un après l'autre dans cette mêlée de satires et d'épigrammes. Rabelais était presque seul en face de tant d'adversaires ; mais il leur tenait tête et il mettait souvent les rieurs de son côté. On l'accusait surtout d'athéisme et d'ivrognerie. Un de ses vieux amis, qui avait été celui d'Étienne Dolet et de Calvin, Briand Vallée, conseiller au parlement de Bordeaux, prit fait et cause pour *maître Alcofribas* et le défendit de l'accusation d'athéisme. Mais le savant Portugais, Antoine de Gouvea, qui s'était déclaré contre Rabelais, auquel il ne pardonnait pas de s'être raillé de son frère André dans le *Pantagruel* (1), lança ce distique contre le défenseur des athées :

Cum tonat, ad cellas trepido pede Vallius imas
Auffugit : in cellis non putat esse Deum.

(1) André de Gouvea, docteur en Sorbonne, avait été surnommé *Sinapivorus* ou *engoule moutarde*. Voy. Th. de Bèze, dans le livre 1er de son *Histoire des Eglises réformées en France*. Rabelais a inventé ce titre de livre, dans le catalogue burlesque de la bibliothèque de Saint-Victor : *M. n. Rostocostojambedanesse, de Moustarda post prandium servienda lib. quatuordecim, apostilati per M. Vaurrillonis.*

Briand Vallée répliqua sur-le-champ par un distique, dans lequel il renvoyait l'accusation d'athéisme à Gouvea lui-même :

Antoni, genus hoc urum, marrana propago,
    In cœlo et cellis non putat esse Deum.

Rabelais intervint dans le débat épigrammatique, par cette belle *allusion*, qui avait pour objet de réconcilier les deux antagonistes (1) :

Patrum indignantum pueri ut sensere furorem,
    Accurrunt matrum protinus in gremium, .
Nimirum experti matrum dulcoris inesse
    Plus gremiis, possit quam furor esse patrum.
Irato Jove sic cœlum ut mugire videbis,
    Antiquæ Matris subfugit in gremium :
Antiquæ gremium Matris vinaria cella est.
    Hac nihil attonitis tutius esse potest.

(1) Dans le manuscrit, cette pièce est intitulée : *Francisci Rablæsi allusio*. On a prétendu que Rabelais, qui devait savoir écrire son nom, l'eût écrit *Rabelœsus* et non *Rablœsus*. Nous avons constaté que Rabelais donnait lui-même différentes orthographes à ce nom traduit en latin, selon les étymologies différentes qu'il y rapportait ; voy. ci-après quelques détails sur ces étymologies. Son ami Salmon Macrin était d'avis d'écrire *Rablœsus* ; voy. les poésies de Macrin, *Odarum lib.* vi, citées plus haut.

Nempe Pharos feriunt atque Acroceraunia, turres,
    Aerias quercus, tela trisulca Jovis;
Dolia non feriunt hypogeis condita cellis,
    Et procul a Bromio fulmen abesse solet.

Dans ces vers bachiques, Rabelais arborait ouvertement le drapeau d'Épicure et acceptait avec
gaieté l'accusation d'ivrognerie, que ses ennemis
lui avaient adressée; quant à celle d'athéisme, il
se gardait bien de la relever, de peur de la rendre
plus dangereuse et moins vague.

Cependant, on attendait de Rabelais autre chose
que des facéties et des satires : les philosophes
comptaient sur une œuvre de haute philosophie
sceptique ou athée; les réformés, sur un manifeste
solennel en faveur de la religion évangélique.
Théodore de Bèze annonçait l'un, dans ce distique (1) :

Qui sic nugatur, tractantem ut seria vincat,
    Seria cum faciet, dic, rogo, quantus erit?

Jacques Tahureaux, du Mans, faisait allusion à

(1) Dans ses *Epigrammata heroïca latina et gallica*,
Ant. Le Roy l'a traduit ainsi :

Qui les sérieux passe en ses discours joyeux,
    Dis-moi quel il sera devenant sérieux?

l'autre, dans ce sixain, qui n'est qu'une imitation
du distique de Bèze :

> Puisqu'il surpasse en riaft
> Ceux qui à bon escient
> Traitent choses d'importance,
> Combien sera-t-il plus grand,
> Je te pri', dis-moi, s'il prend
> Un œuvre de conséquence ?

Il est très-probable que Rabelais n'avait pas attendu, en France, la publication du quatrième livre de *Pantagruel*. Peut-être l'*œuvre de consé-
quence* que lui demandaient ses amis, en l'invi-
tant à devenir un écrivain *sérieux* au profit de la
Réformation, peut-être cet ouvrage philosophique
et dogmatique fut-il rédigé ou seulement commencé, sinon imprimé ; car on sait que Rabelais,
malgré ses nombreux et puissants protecteurs, se
vit menacé de poursuites judiciaires qui l'obligè-
rent à chercher un asile en Alsace. On ignore combien de temps il y resta ; mais une tradition locale,
conservée dans le souvenir des habitants de Metz,
a constaté son séjour en cette ville, où l'on montre
encore la maison qu'il habitait (1). C'est à Metz

(1) Voyez, dans les *Mémoires de l'Académie de Metz*,
année 1845, une notice de M. E. Bégin sur le séjour de
Rabelais à Metz. M. Bégin n'avait pu fixer exactement

qu'il avait vu le dragon de saint Clément, qui figurait toujours aux processions de la fête de saint Marc et des rogations. Ce dragon, que le peuple nommait *Graulli* (corruption du mot *gargouille*), était remarquable alors par ses *amples, larges et horrifiques maschoueres bien endentelées*, qu'on faisait *terrifiquement cliqueter l'une contre l'autre*. Les femmes et les enfants le suivaient avec des cris d'admiration, et chaque boulanger, devant la boutique duquel passait la procession, était tenu de fournir un pain blanc pour le dragon et son porteur (1).

Une lettre latine de Jean Sturm, recteur du gymnase de Strasbourg, nous apprend que Rabelais était à Metz en 1547. Cette lettre, datée du 28 mars 1546 (1547, nouveau style), est adressée au cardinal Du Bellay, qui probablement recommanda l'illustre fugitif aux hommes les plus considérables de la Lorraine et de l'Alsace. Jean Sturm ou Sturmius, un des meilleurs humanistes de son temps, avait connu sans doute Rabelais à Paris,

la date de ce séjour, d'après la tradition qu'il a recueillie sur les lieux ; car, au moment où il rédigeait sa notice, la lettre de Jean Sturm n'était pas encore signalée à l'attention des biographes de Rabelais.

(1) Liv. IV de *Pantagruel*, ch. 59 ; voy. la note de Le Duchat sur le *Graulli*.

sous les auspices de Budée : car ce grand homme
fut son protecteur, lors de la fondation du Collége
Royal, où il lui fit obtenir une chaire de littérature
grecque et latine; mais Sturm, comme la plupart
des savants de cette époque, s'étant jeté avec ardeur dans les idées nouvelles de Luther et de Mé-
lanchthon, avait été forcé, en 1537, de quitter sa
chaire et de sortir de France, pour sauver sa liberté et sa vie. C'était donc avec une sympathie et
un empressement bien naturels, qu'il s'apprêtait à
recevoir, sous son toit hospitalier, un ancien ami,
proscrit et persécuté, comme il l'avait été lui-même,
pour cause de religion. Cependant, nous ne savons
pas si Rabelais, qu'on désirait tant voir à Strasbourg et qui devait y trouver un accueil si frater-
nel, se rendit aux pressantes invitations de Jean
Sturm (1).

La situation de Rabelais, pendant son séjour en
Alsace, fut aussi précaire que misérable; il s'était
enfui trop précipitamment pour avoir eu le temps

(1) Voici le passage de la lettre, relatif à Rabelais :
« Tempora etiam Rabelesum ejecerunt e Gallia φευ
των χρόγων. Nondum ad nos venit. Metis consistit, ut
audio, inde enim nos salutavit. Adero ipsi quibuscumque rebus potero, cum ad nos venerit. » L'original
existe parmi les manuscrits de la bibliothèque de
Strasbourg, Recueil de Delamarre, où il porte le
n° 8584.

de puiser, dans la bourse du cardinal Du Bellay,
les ressources nécessaires à une longue résidence
en pays étranger. On doit donc présumer qu'il
voyageait en exerçant la médecine, et que le faible
produit qu'il tirait de la générosité de ses malades
suffisait à peine pour le faire vivre bien *frugalement*, comme il le dit dans une lettre au cardinal
Du Bellay, lettre suppliante et désolée, où il demande *quelque aumône*. Voici cette lamentable
lettre, dans laquelle on retrouve ce seigneur de
Saint-Ay, que Rabelais avait connu dans la maison
du seigneur de Langey, et qui s'employait toujours
volontiers, en faveur du joyeux *Caloyer des isles
d'Yères*, auprès du cardinal et des autres membres
de la famille Du Bellay.

Monseigneur,

Si, venant icy, M. de Saint-Ay eust eu la commodité de vous saluer à son partement, je ne fus,
de présent, en telle nécessité et anxiété, comme il
vous pourra exposer plus amplement. Car il m'af-
fermoit qu'estiez en bon vouloir de me faire quelque
aumosne, advenant qu'il se trouvast homme seur,
venant de par deçà. Certainement, Monseigneur,
si vous n'avez de moy pitié, je ne sache que doive
faire, sinon, en dernier désespoir, m'asservir à
quelqu'un de par deçà, avec dommage et perte

évidente de mes estudes. Il n'est possible de vivre
plus frugalement que je fais, et ne me saurez si
peu donner de tant de biens que Dieu vous a mis
en main, que je.... (mot illisible) en vivotant et
m'entretenant honnestement, comme j'ay fait jusques à présent, pour l'honneur de la maison dont
j'estois issu à ma départie de France.

Monseigneur, je me recommande très humblement à votre bonne grace et prie Nostre Seigneur
vous donner, en parfaite santé, très bonne et longue vie.

Votre très humble serviteur,

FRANÇOIS RABELAIS, médecin (1).

De Metz, ce 6 février.

Ainsi donc, Rabelais, réfugié en Lorraine, était
en telle nécessité et anxiété, qu'il se voyait bientôt réduit à s'attacher, comme médecin ou secrétaire, à un seigneur du pays, et à renoncer pour

(1) Cette lettre a été publiée pour la première fois,
par M. Libri, dans le *Journal des Savants* (janvier 1841,
p. 45), d'après un manuscrit de la bibliothèque de la
Faculté de médecine de Montpellier. Ce manuscrit,
portant le n° 409, et provenant du président Bouhier,
contient des lettres adressées au cardinal Du Bellay par
différentes personnes.

toujours au service du cardinal Du Bellay. Mais nous croyons qu'il n'exécuta pas sa menace et que le cardinal lui fit passer assez d'argent pour que ce bon et fidèle *domestique* pût attendre à Metz, *en vivotant,* le moment de rentrer en France avec sécurité ou de rejoindre son maître en Italie.

Les adversaires de Rabelais avaient imaginé de chercher, dans les éléments mêmes de son nom, la critique de ses ouvrages : ils essayèrent de démontrer que *Rabelais,* dérivant des deux mots latins *rabie* et *læsus,* signifiait *mordu par un chien enragé,* ou *atteint de la rage;* mais ses amis le défendirent sur le même terrain : le savant Ponthus de Thiard crut découvrir dans la langue arabe l'origine du nom de Rabelais, et prétendit que les deux mots, *rab* et *lex,* voulaient dire *maître moqueur* (1). Quelqu'un tira ce nom de *rabbi* et *læsus,* en associant un mot latin à un mot arabe, pour les interpréter dans le sens de *maître offensé* par les injures et les sottes calomnies de ses envieux. Jean Vouté (*Vulteius*), de Reims, retourna l'étymologie de *rabie læsus,* dans un sens favorable à Rabelais :

> Qui *rabie* asseruit *læsum,* Rabelæse, tuum cor,
> Adjunxit vero cum tua musa sales ;

(1) Dans son traité *De recta nominum impositione.*

Hunc puto mentitum, rabiem tua scripta sonare
   Qui dixit : Rabiem, dic, Rabelæse, canis?
Zoïlus ille fuit, rabidis armatus iambis :
   Non spirant rabiem, sed tua scripta jocos (1).

Ce furent les protestants, ou plutôt les amis particuliers de Calvin, qui se déchaînèrent avec le plus de violence contre Rabelais. Calvin, il est vrai, leur prescrivit cette conduite, en disant dans son traité *de Scandalis :* « Papistarum ineptias lepidè risisset : indignus fuit, qui unquam ad papismum reverteretur !... Cur istud, nisi quia gustato Evangelio, quod sacrum est vitæ æternæ pignus, sacrileg a ludendi aut ridendi audacia ante profanarat? Paucos nomino : Rabelæsum, Doletum et Goveanum. Quicunque ejusdem sunt farinæ, eos sciamus nobis a Domino exemplum quasi digito monstrari, ut sollicitè in vocationis nostræ studio pergamus, ne quid simile contingat, etc. » Henri Étienne ne fut que l'écho de Calvin, lorsqu'il dit dans son *Apologie pour Hérodote,* publiée après la mort de Rabelais : « Quoique Rabelais semble estre des nostres, toutesfois il jette souvent des pierres dans nostre jardin. »

Mais Rabelais, qui s'était moqué des *inepties papistiques* plutôt que des *nouveautés* de Genève,

(1) Dans son recueil d'Épigrammes latines.

devait rencontrer parmi les moines un adversaire plus rude et plus implacable. Gabriel du Puy-Her-bault, de Tours, alors religieux de Fontevrault, se posa en vengeur du monachisme, et dévoua l'auteur du *Pantagruel* aux châtiments de la justice humaine et divine, dans un ouvrage empreint de cette haine vigoureuse qui ne pousse qu'à l'ombre des cloîtres : *Theotimus, sive de tollendis et expurgandis malis libris, iis prœcipuè quos vix incolumi fide ac pietate plerique legere queant* (Parisiis, Jean de Roigny, 1549, in-8º).Ce dialogue, où les deux interlocuteurs, Théotime et Nicolas, s'accordent à déclarer que rien ne manque à la méchanceté et à la perversité de Rabelais (*nihil ad absolutam improbitatem defuisse*) ; ce dialogue, rempli d'invectives et d'insinuations perfides contre Rabelais et ses écrits, ne parut pas dicté seulement par l'indignation et le zèle religieux, mais encore inspiré par un ressentiment tout personnel : on assurait alors que le frère de l'auteur avait servi de type au personnage de Jean des Entommeu-res (1).

Rabelais n'était plus là pour répondre à cette furieuse accusation, qui allait donner du courage et de l'espoir à ses ennemis (2); il avait rejoint à

(1) *Elog. Rabelœs.*, p. 214 de la IIe part.
(2) La preuve de ce troisième voyage de Rabelais à

Rome le cardinal Du Bellay, qui, ayant perdu son
crédit à la mort de François Ier, se démit de toutes
ses charges et céda la place au cardinal de Lorraine, peu de temps après l'avénement de Henri II
à la couronne. On ne sait presque rien du dernier
séjour de Rabelais à Rome, où il resta peut-être
deux années consécutives. Le célèbre André Thevet, qui était aussi en Italie au commencement
de 1549, puisqu'il ne partit de Venise pour l'Orient
que le 29 juin de cette année-là, nous signale ainsi
sa rencontre avec Rabelais dans la ville de Rome :
« Il me souvient que, contemplant telles antiquitez
à la cour et jardin d'un seigneur romain, on me
cuyda oultrager, disant que j'estois trop hardy et
que par aventure j'estois un espion ; mais, estant
ledit seigneur adverty par Rabelais, qui a tant fait
depuis parler de luy, de ma curiosité et voyages
par moy faictz, lors j'euz entrée de toutes
parts (1). » Il serait difficile de donner une autre
date à cette rencontre des deux antiquaires, puisque
Thevet, qui était moine cordelier, n'obtint la permission de voyager et de visiter Rome qu'en 1549.

Rome se tire positivement de l'intitulé même de la
Sciomachie, extraite de ses lettres écrites de Rome au
cardinal de Guise.

(1) *Cosmographie universelle de tout le monde.*
Paris, 1575, 2 vol. in-folio, t. II, p. 731, verso.

Or, quand il écrivit la relation de ses voyages, vingt ans plus tard, il a pu dire du savant homme qui l'avait protégé contre les insultes de la populace de Rome : « Rabelais qui a tant fait *depuis* parler de luy. »

Le manuscrit autographe de Rabelais que nous avons déjà cité, et qui fut, en grande partie du moins, écrit en 1550, pendant son troisième voyage en Italie, pourrait fournir des renseignements curieux sur diverses circonstances de sa vie à cette époque. Ainsi, sa querelle avec Joachim Du Bellay continuait avec plus d'acharnement que jamais. Joachim était à Rome en même temps que Rabelais ; il logeait sans doute dans le palais de son oncle, et il se rencontrait forcément avec le médecin du cardinal. Joachim n'imposait pas de frein à sa méchante langue, et Rabelais ne se lassait pas de lui rendre, en beaux vers latins, coup pour coup et blessure pour blessure. Cependant il paraît avoir fait trêve à sa vengeance, pour traduire ou imiter, également en vers latins, plusieurs des sonnets que Joachim avait composés sur les antiquités romaines (1). Il y eut sans doute entre eux un rapprochement, peut-être un semblant de ré-

(1) Ces sonnets ont été publiés pour la première fois, en 1849, d'après les manuscrits de la Bibliothèque impériale, par M. Anatole de Montaiglon.

conciliation, opéré par l'intermédiaire du cardinal Du Bellay; mais la suite prouva que Joachim Du Bellay n'avait pas pardonné. Rabelais jouissait à Rome d'une considération générale, qu'il devait moins à ses ouvrages qu'à sa prodigieuse érudition. On voit, dans son *brouillard* manuscrit de 1550, qu'il était en rapport littéraire avec les plus fameux poëtes et savants de l'Italie, tels que Fracastor, le chantre de la syphilis, Lazare Buonamici, etc. Mais un certain nombre de pièces satiriques, pleines de verve et de colère, ne nous permettent pas de douter que Rabelais, malgré son âge avancé, n'ait eu encore quelques démêlés avec ces séduisantes courtisanes italiennes, dont la belle Imperia, tant célébrée par les poëtes et les conteurs, fut le plus charmant type. Il se plaint surtout d'une Leonora, en termes si amers et si piquants, qu'on est obligé de reconnaître dans cette fureur poétique un véritable dépit amoureux. On en pourra juger d'après une des invectives qu'il lui adresse :

Miniatà labra et sordidæ creta genæ,
   Et hiatus oris indecens
Risu canino, putridi dentes, pares
   Mammæ caprinis utribus,
Laciniosi gutturis deformitas,
   Sulcique laterum pinguium,

Crassoque venter extumens abdomine,
  Ego vos amavi? brachiis
Fovi, refovique et fatigavi meis
  Viscata labra basiis?
Plebi lupanar prostitutum sordide,
  Vocare amores pertuli?
O fraus, amorque, et mentis emotæ furor
  Et impotentes impetus,
Quo me impulistis? Vindices Erynnes,
  Quo vapulavi crimine
Vestrum ad tribunal? Non enim Cupidinis
  Dolui sagitta saucius ;
Sed vestra adustus, vestra adustus lampade,
  Furore vestro insanii.
Ergo pudendis liberatus vinculis
  Meoque juri redditus,
Sanctæ salutis sospitatrici meæ
  Et has cathenas ferreas,
Monumenta duri servitii, et tabellulam
  Hanc sanitatis indicem
Per eam receptæ, et memoris animi pignora
  Dico libensque et dedico !

Ce fut donc à Rome que Rabelais, presque sep-
tuagénaire, exhala les derniers soupirs de son
cœur. On est même autorisé à croire, d'après des
reproches que cette Leonora pouvait bien avoir
mérités, que la santé du vieillard avait souffert de
son inconduite. Depuis qu'il en eut été puni d'une
manière cuisante, il dit un éternel adieu au beau

sexe, et même il aurait, selon nous, aigri et distillé son ressentiment contre ce sexe perfide, dans un petit volume anonyme, qui ne fut publié qu'à son retour en France, et qui est intitulé : *La louange dés femmes, invention extraite du commentaire de Pantagruel sur l'Androgyne de Platon; le Blason de la femme, épistre d'André Misogyn, Florentin, au seigneur Pamphile Theliarche, qui lui avoit demandé conseil sur le propos de se marier, traduit de l'italien en françois; Description d'amour par dialogues; Épigrammes touchant toutes les mœurs, conditions et natures des femmes.* (Lyon, Jean de Tournes, 1551, in-8.) Après avoir *rithmoyé* sa vengeance et renoncé à l'amour, le bon *Caloyer des isles d'Hières* jura de ne plus aimer que le vin.

Rabelais, en Italie comme en France, s'intitulait toujours *médecin ordinaïre* du cardinal, et pourtant une anecdote racontée par Beroalde de Verville, dans *le Moyen de parvenir*, anecdote moins méprisable qu'on ne l'a souvent jugée, prouverait que le cardinal avait d'autres médecins qu'il consultait de préférence. « Le cardinal Du Bellay, dont Rabelais estoit médecin, estant malade d'une humeur hypocondriaque, il feut avisé, par la docte conférence des docteurs, qu'il falloit faire à monseigneur une décoction apéritive. Rabelais, sur cela, sort, laisse ces messieurs achever de caqueter pour mieux

employer l'argent. Il fait mettre au milieu de la cour
un trépied sur un grand feu, un chaudron dessus
plein d'eau, où il mit le plus de clefs qu'il peut
trouver, et, en pourpoint comme mesnager, re-
muoit les clefs avec un baston pour leur faire
prendre cuisson. Les docteurs descendus, et s'en
enquestant, il leur dit : « Messieurs, j'accomplis
vostre ordonnance, d'autant qu'il n'y a rien tant
apéritif que les clefs, et si vous n'estes contents,
j'enverray à l'arsenal quérir quelque pièce de
canon; ce sera pour faire la dernière ouverture. »

Outre la charge de médecin, Rabelais avait sans
doute aussi celle d'astrologue ou de tireur d'horoscopes, dans la maison du cardinal Du Bellay, quel
que fût d'ailleurs son mépris pour l'astrologie judiciaire ; mais, à cette époque, Catherine de Médicis
ayant introduit à la cour de France toutes les
superstitions italiennes, la science astrologique
était devenue à la mode, et les plus petits bourgeois
voulaient savoir sous quelles planètes naissaient
leurs enfants : il y avait un faiseur de prophéties,
d'horoscopes et de *genethliaques*, à la suite de
chaque grand seigneur. Rabelais, qui n'était guère
moins renommé que Nostradamus, Ruggieri et Barthélemi Coclès, pour ses connaissances *célestes*,
avait publié chez François Juste, libraire à Lyon,
un *Almanach pour l'an* 1541, *calculé sur le mé*

ridien de la noble cité de Lyon (1), et un *Almanach pour l'an 1546*, etc. ; *Item, la Déclaration
que signifie le soleil parmy les signes de la natif-
vité des enfants* (Lyon, devant Nostre-Dame
de Confort) (2). Rabelais continuait à Rome ses
observations astronomiques, puisqu'il publia encore à Lyon : *Almanach et Ephemerides pour
l'an de Nostre-Seigneur Jésus-Christ* 1550,

(1) On a découvert récemment, dans la couverture
d'un livre du xvɪᵉ siècle, quatre feuillets de cet Almanach, exclusivement astronomique, dont les biographes de Rabelais n'avaient pas fait mention. La Bibliothèque impériale de Paris, qui doit retrouver un jour
dans ses abimes les exemplaires des Almanachs de Rabelais, que l'évêque d'Avranches, Huet, avait légués,
avec ses livres, au collége des Jésuites de Paris, a fait
l'acquisition de ces quatre précieux feuillets, pour démontrer à l'auteur du *Manuel du libraire*, qu'il s'est un
peu trop avancé, en disant que les Almanachs attri-
bués à Rabelais ne sont probablement que des éditions
différentes de sa *Prognostication pantagruéline.* Voy.
l'art. Rᴀʙᴇʟᴀɪꜱ dans le *Manuel* de M. Brunet.

(2) Cet Almanach, qui ne se trouve pas plus que les
autres, existait pourtant dans la bibliothèque de Huet,
évêque d'Avranches, qui le cite dans une note manuscrite autographe de son exemplaire du *Tiers livre de
Pantagruel*. La Croix du Maine est le seul auteur qui
fasse mention d'un autre *Almanach* ou *pronostication
pour l'an* 1548.

composé et calculé sur toute l'Europe par mais-
tre François Rabelais, médecin ordinaire de
monseigneur le reverendissime cardinal Du Bel-
lay. Là se trouvent à la fin de chacun des mois
les planètes des enfants, tant fils que filles, et
auxquelles ilz sont subjects (1).

Il n'est pas présumable que l'opinion de Rabelais
eût changé à l'égard de l'astrologie, qu'il avait
frappée de ridicule dans ses premiers Almanachs
et dans sa *Pronostication pantagruéline*, réimprimée, presque tous les ans, depuis 1532. Néanmoins, lorsque l'on apprit à Rome que Louis, duc
d'Orléans, fils de Henri II, était né au château de
Saint-Germain-en-Laye, le 3 février 1550, Rabelais annonça que ce prince se trouvait prédestiné à
de grandes choses *en matière de chevalerie et*
gestes héroicques, comme il appert par son ho-
roscope, si une fois il eschappe quelque triste
aspect à l'angle occidental de la septième mai-
son (du soleil). Par un hasard singulier, cette naissance avait été sue, ou plutôt pressentie à Rome
le même jour qu'elle eut lieu, et la nouvelle, qui en

(1) Le titre de cet Almanach est rapporté par Ant. Le
Roy, qui n'en cite aucun extrait, parce que le calendrier n'y est pas précédé d'un prologue, comme dans
les Almanachs de 1533 et 1535, qui se trouvaient aussi
dans les bibliothèques de Gabriel Naudé, de Guy Patin
et de Jacques Mentel.

courut *par les banques*, fut tellement accréditée dans la ville, que plusieurs seigneurs français firent des feux de joie le soir du 3 février (1). Malgré les heureux présages de son horoscope, le petit prince mourut au berceau.

Le cardinal Du Bellay et le seigneur d'Urfé, ambassadeur de France à Rome, s'entendirent pour célébrer par des fêtes magnifiques la naissance du fils du roi, et, de concert avec les seigneurs Farnèse, Robert Strozzi et de Maligny, ils ordonnèrent une *sciomachie, c'est-à-dire un simulacre ou représentation de bataille tant par eau que par terre*. Le combat par eau ne put avoir lieu, à cause d'une *horrible crue* du Tibre; mais le combat par terre se donna le 14 février, sur la place Sant' Apostolo, devant le palais du cardinal Du Bellay, en présence de toute la population de Rome. On avait élevé un château fort, qui fut attaqué et défendu, de manière à simuler un véritable siége : arquebusades, canonnades, sorties, assauts, rien ne manqua aux opérations de ce siége, qui avait commencé par une espèce d'intermède théâtral en l'honneur de Diane de Poitiers, maîtresse de Henri II. La déesse Diane, en costume de chasse, suivie d'une troupe de nymphes, était descendue dans la place, et la garnison du château

(1) Voy. la *Sciomachie*.

avait enlevé une des nymphes, malgré la résistance de ses compagnes et de la déesse, qui alla se
plaindre au cardinal et lui demander assistance. Le
château pris et la nymphe rendue à Diane (c'était
peut-être une allusion à quelque intrigue de la cour
de France), les cris de : *Vive Bellay, la côte de
Langey !* se mêlèrent aux cris de : *Vive France !
vive Orléans ! vive Farnèse !*

Le cardinal offrit aux combattants et aux spec=
tateurs de distinction un souper qui réalisait toutes
les descriptions gastronomiques du *Pantagruel :*
on servit, à ce banquet, mille pièces de poisson et
quinze cents pièces de four ! Après les Grâces en
musique, Labbat déclama, en s'accompagnant de
sa *grande lyre*, une ode saphique en beaux vers
latins, composée par le cardinal (1). Ensuite il y
eut des danses de *matachins* et des mascarades
qui ouvrirent le bal, pendant lequel les cardinaux
et les prélats se retirèrent *en grande jubilation et
contentement.*

Rabelais, qui assistait à ces *triomphes*, et qui
probablement y avait mis de son imaginative, nota
deux choses insignes : « L'une est qu'il n'y eut
noise, desbat, dissension, ne tumulte aucun; l'autre,

(1) Elle se trouve, écrite et corrigée de la main de
Rabelais, dans le manuscrit autographe que nous avons
découvert à la Bibliothèque impériale.

que de tant de vaisselle d'argent, en laquelle tant
de gens de divers estats feurent servis, il n'y eut
rien perdu ne esgaré. » Il envoya une relation de
la *Sciomachie* au cardinal Charles de Lorraine,
qu'on appelait alors le *cardinal de Guise*, et l'on
doit penser que cette relation, faite par ordre du
cardinal Du Bellay, était destinée à la duchesse de
Valentinois, qui régnait sous le nom de Henri II,
son amant, et qui traitait le cardinal de Guise en
ministre favori. Elle fut imprimée, sans doute avec
l'approbation de Diane, sensible à une flatterie qui
lui arrivait de si loin: *La Sciomachie et festins
faictz à Romme au palais du R. cardinal Du
Bellay, pour l'heureuse naissance de M. d'Orléans.* (Lyon, Séb. Gryp., 1549 (1). in-8º de 31 p.)
Ce ne serait pas le seul ouvrage que Rabelais eût
mis en lumière durant son dernier voyage à Rome,
si l'on s'en réfère au Privilége de Henri II, où il
est dit très-explicitement que l'auteur avait fait
imprimer, avant 1550, *plusieurs livres en grec,
latin, françois et thuscan.* Mais on n'a pas découvert encore quels sont ces ouvrages ou ces éditions en grec et en italien.

(1) Malgré cette date, il est certain que la *Sciomachie*
fut publiée en mars ou en avril 1550, puisque l'année
commençait encore à Pâques, et que, d'ailleurs, le fils
de Henri II naquit le 5 février 1550.

Ce Privilége de Henri II, daté du 6 avril 1550, c'est-à-dire un mois et demi après la *Sciomachie*, et non suivi de la publication immédiate du quatrième livre, semble indiquer que la duchesse de Valentinois et le cardinal de Guise l'avaient obtenu comme un gage de sécurité pour Rabelais, au moment où les persécutions religieuses lui conseillaient de ne pas rentrer en France. Il est vrai que l'auteur du *Pantagruel* avait encore une fois désavoué hautement les précédentes éditions de son roman, et s'était engagé à le revoir et corriger, avant de le réimprimer. Ce fut néanmoins une faveur spéciale, que la concession d'un privilége du roi, en présence des accusations qui s'élevaient de toutes parts contre l'athéisme et l'hérésie de ces écrits censurés par la Sorbonne et dénoncés dans les chaires de l'Université de Paris. Voici ce nouveau privilége que signa le roi, désirant *bien et favorablement traiter* le suppliant, sans que le manuscrit du quatrième livre eût été lu et approuvé au préalable, dans un temps où les rigoureuses ordonnances de François Ier contre l'imprimerie avaient encore force de loi :

« Henry, par la grâce de Dieu, roy de France,
« au prévost de Paris, bailly de Roüen, séres-
« chaux de Lyon, Toulouse, Bordeaux, Dauphiné,
« Poitou, et à tous nos aultres justiciers et offi-
« ciers, ou à leurs lieutenans, et à chascun d'eux,

« si comme à luy appartiendra, salut et dilection.
« De la partie de nostre cher et bien aimé M. Fran-
« çois Rabelais, docteur en médecine, nous a esté
« exposé que, iceluy suppliant ayant par cy-devant
« baillé à imprimer plusieurs livres en grec, latin,
« françois et thuscan, mesmement certains volu-
« mes des faits et dicts héroïques de Pantagruel,
« non moins utiles que délectables : les impri-
« meurs auroient iceulx livres corrompus, dépra-
« vés et pervertis en plusieurs endroits ; auroient
« davantage imprimé plusieurs autres livres scan-
« daleux au nom dudict suppliant, à son grand
« desplaisir, préjudice et ignominie, par luy tota-
« lement désavouez comme faulx et supposez, les-
« quels il désireroit, soubz nostre bon plaisir et
« volonté, supprimer ; ensemble les aultres siens
« avouez, mais dépravez et déguisez, comme dict
« est, revoir et corriger et de nouveau réimpri-
« mer ; pareillement mettre en lumière et vente
« la suite des Faits et dicts héroïques de Panta-
« gruel, Nous humblement requérant sur ce luy
« octroyer nos Lettres à ce nécessaires et conve-
« nables : pour ce est-il que Nous, inclinans libé-
« ralement à la supplication et requeste dudit
« M. François Rabelais, exposant, et désirant le
« bien et favorablement traicter en cet endroit,
« à iceluy, pour ces causes et autres bonnes con-
« sidérations à ce Nous mouvans, avons permis,

« accordé et octroyé, et de nostre certaine science,
« pleine puissance et autorité royale, permettons,
« accordons et octroyons par ces présentes, qu'il
« puisse et luy soit loisible, par tels imprimeurs
« qu'il advisera, faire imprimer et de nouveau
« mettre et exposer en vente tous et chascuns
« lesdits livres et suite de Pantagruel par luy com-
« posez et entrepris, tant ceulx qui ont jà esté im-
« primez, qui seront pour cet effet par luy revus
« et corrigez, que aussy ceulx qu'il délibère de
« nouvel mettre en lumière; pareillement suppri-
« mer ceulx qui faussement luy sont attribuez. Et
« afin qu'il ait moyen de supporter les frais né-
« cessaires à l'ouverture de ladite impression,
« avons par ces présentes très-expressément in-
« hibé et défendu, inhibons et défendons à tous aul-
« tres imprimeurs et libraires de nostre royaume
« et aultres nos terres et seigneuries, qu'ilz n'aient
« à imprimer ne faire imprimer, mettre et expo-
« ser en vente aulcuns des dessusdicts livres, tant
« vieux que nouveaux, durant le temps et terme
« de dix ans ensuivants et consécutifs, commen-
« çans au jour et date de l'impression desdicts
« livres, sans le vouloir et consentement dudict
« exposant, et ce soubz peine de confiscation des
« livres qui se trouveront avoir esté imprimez au
« préjudice de cette nostre présente permission,
« et d'amende arbitraire.

« Si voulons et vous mandons, et à chascun de
« vous en droict soy, et si comme à luy appar-
« tiendra, que nos présens congé, licence et per-
« mission, inhibitions et défenses, vous entrete-
« nez, gardez et observez ; et si aulcuns estoient
« trouvez y avoir contrevenu, procédez et faictes
« procéder à l'encontre d'eulx par les peines sus-
« dites et autrement, et du contenu ci-dessus
« faictes ledit suppliant jouir et user pleinement
« et paisiblement durant ledict temps, à commen-
« cer et tout ainsy que dessus est dict, cessans et
« faisans cesser tous troubles et empeschemens
« au contraire, car tel est nostre bon plaisir.
« Nonobstant quelconques ordonnances, restric-
« tions, mandemens ou défenses à ce contraires ;
« et, pour ce que de ces presentes l'on pourra
« avoir affaire en plusieurs et divers lieux, Nous
« voulons que, au *vidimus* d'icelles, faict soubz
« scel royal, foy soit ajoustée comme à ce présent
« original. Donné à Saint-Germain-en-Laye, le
« sixiesme jour d'aoust, l'an de grâce mil cinq cent
« cinquante, et de nostre règne le quatriesme.

« Par le roy :

« Le cardinal Chastillon présent,

« Signé : Du Thier. »

La reconnaissance de Diane-de-Poitiers, en rai-

son de la part qu'on lui avait donnée dans les fêtes
de Rome, se portait ainsi sur Rabelais, qui fut
l'historiographe de ces fêtes ; mais le cardinal de
Guise craignait trop l'ascendant moral du cardinal
Du Bellay, pour ne pas vouloir prolonger la dis-
grâce et l'éloignement de cet ancien ministre. On ne
rappela donc en France que Rabelais, qui dit adieu
à son maître, avec l'espoir de ne pas être longtemps
séparé de lui, quoique la fortune l'eût attaché désormais à la maison de Lorraine. Le cardinal de
Guise venait d'acheter d'une des maîtresses de François Ier, Anne de Pisseleu, duchesse d'Étampes, le
château de Meudon. Ce château était assez voisin de
Paris, pour qu'il pût y résider avec son frère, Henri
de Lorraine, duc de Guise, sans être moins assidu
à la cour et au conseil du roi. Rabelais, que le cardinal Du Bellay avait placé, pour ainsi dire, auprès
du cardinal de Guise, comme un intermédiaire offi-
cieux et comme un agent secret, se vit naturellement
porté à la cure de Meudon, par le choix alternatif
des deux cardinaux. Jean Du Bellay, à qui appar-
tenait la collation de cette cure, dépendante de son
évêché de Paris, s'empressa de faire une nomination qui paraissait agréable à Charles de Lorraine,
et qui devait placer celui-ci sous une espèce de
surveillance occulte. Rabelais fut donc reçu curé
de l'église paroissiale de Saint-Martin de Meudon,
le 19 janvier 1551, par l'évêque de Trèves, Jean

des Ursins, vicaire-général du cardinal Du Bellay, entre les mains duquel Richard Berthe, dernier curé de Meudon, avait résigné librement cette cure, et ce, en présence des témoins Benoît Blerye, vicaire de Saint-Landry du diocèse de Paris, et Renaut du Hautbois, chanoine du diocèse de Beauvais. L'acte de cette collation fut enregistré comme il suit (1) :

« Die decimâ octavâ januarii anno 1550 (2), collatio parochialis ecclesiæ Sancti Martini de Meudone, Parisiensis diœcesis, ad collationem Parisiensis episcopi, pleno jure existentis, vacantis per puram, liberam et simplicem resignationem magistri Richardi Berthe, illius ecclesiæ ultimi rectoris, seu curati, et possessoris pacifici, hodie in manibus R. Patris D. D. Joannis Ursinis, Trevirensis episcopi, vicarii generalis illustrissimi domini cardinalis Bellay, Parisiensis episcopi, per magistrum Joannem Halon, clericum, ejus procuratorem, factam, et per dictum dominum admissam, facta est pleno jure per dictum dominum vicarium, magistro Francisco Rabeleio (*sic*), presbytero, doctori, Turonensis diœcesis, præsentibus

(1) *Description de la ville de Paris*, par Piganiol de la Force, édit. de l'abbé Pérau, t. IX, p. 532.

(2) Le commencement de l'année à Pâques, jusqu'à l'adoption du calendrier grégorien en 1582, serait cause de bien des dates fausses dans l'histoire, si l'on n'y prenait pas garde.

magistris Benedicto Blerye, presbytero, vicario ecclesiæ parochialis Sancti Landerici Parisiensis, et Renato Duhaubois, canonico in claustro Sancti Benedicti Parisiensis commorante, Belvacensis et Parisiensis respectivè diœcesis testibus. »

La nomination du curé de Meudon dut produire autant d'étonnement que de scandale, et fournit sans doute de nouvelles armes aux ennemis de Rabelais. Un des plus acharnés était alors Pierre Ramus, professeur en philosophie et en mathématiques au Collége Royal, lequel dans ses leçons et dans ses ouvrages n'épargnait pas plus l'auteur de *Pantagruel* qu'Aristote. Ramus, partisan déclaré de la *religion*, ne faisait qu'exprimer l'opinion des calvinistes purs à l'égard de Rabelais, en l'accusant hautement d'athéisme (1); Joachim Du Bellay, qui tança rudement le philosophe Ramus au nom des catholiques, dans la *Satire de maître Pierre du Cucgnet sur la Petromachie de l'Université*, lui reproche ironiquement d'avoir trop maltraité Rabelais :

> Ha ! je reconnois bien le style
> Que sa douce plume distille :

(1) Ces attaques de Ramus ne seraient que des représailles, s'il était vrai que Rabelais l'eût tourné en ridicule sous le nom de *Raminagrobis*, dans le *Pantagruel*.

Il est tout *perionisé*
Et quelque peu *torné-busé;*
Mais il me semble un peu cruel
Contre le bon Pantagruel.

Le nom de Rabelais avait été souvent mis en
jeu dans la querelle de Ramus et de son adversaire, Pierre Galland, principal du collége de Bon-
court, défenseur de la philosophie d'Aristote. Ramus comparait avec mépris les livres de Galland à
ceux de Rabelais; et Galland, sans se servir des
mêmes injures, répondait que les doctrines de
Ramus étaient des billevesées dignes du ridicule
Pantagruel : « Melior pars eorum qui hasce tuas
nugas lectitant, Rame, lui disait-il dans son discours *Pro Scola Parisiensi contra novam Petri
Rami Academiam* (ne hinc tibi nimium placeas),
non ad fructum aliquem ex iis capiendum, sed
veluti vernaculos ridiculi Pantagruelis-libros ad
lusum et animi oblectationem lectitant. »

Rabelais, irrité d'être ainsi le jouet des *Ramistes*
et des *Gallandistes*, se décida enfin à publier le
quatrième livre du *Pantagruel*, pour avoir un prétexte de ridiculiser ses ennemis pédantesques dans
un Nouveau prologue qu'il joignit à l'Ancien. Dans
ce prologue, il fait dire à Jupiter : « Mais que fe-
rons-nous de ce Rameau et de ce Gualland, qui,
caparaçonnez de leurs marmitons, supposts et ad-

stipulateurs, brouillent toute ceste Académie de
Paris?... Tous deux me semblent aultrement bons
compagnons et bien couillus : l'un a des escus au
soleil (je dis beaulx et tresbuchants), l'aultre en
vouldroit bien avoir; l'un a quelque sçavoir, l'autre
n'est ignorant; l'un aime les gens de bien, l'autre
est des gens de bien aimé; l'un est un fin et cault re-
gnard, l'aultre mesdisant, mésescrivant et aboyant
contre les antiques philosophes et orateurs (Aristote
et Cicéron) comme un chien. » Priape, consulté
par Jupiter, à l'égard de ces deux rivaux irrécon-
ciliables, lui conseille de les métamorphoser en
pierre, puisqu'ils se nomment tous deux Pierre, et
de leur faire partager le sort d'un autre Pierre,
avocat-général au Parlement de Paris sous Philippe-
le-Bel, maître Pierre de Cugnières, qui, s'étant
brouillé avec le clergé de son temps, fut condamné,
par la haine ecclésiastique, à un pilori perpétuel,
sous la figure de certains marmousets, nommés
Pierres du Coignet, et placés à l'entrée des églises
pour servir à éteindre les cierges. Rabelais, qui ne
savait pas oublier une offense, se rappela, en cette
occasion, la violente sortie que Calvin avait faite
contre lui dans le traité *de Scandalis*, et la furi-
bonde polémique de Gabriel du Puy-Herbault dans
le *Theotimus* : il ajouta donc, au chapitre XXXII
de son quatrième livre, la fable de Physis et d'An-
tiphysie, pour dire que cette dernière, *adverse de*

nature, avait engendré *les matagots, cagots et papelards ; les maniacles pistolets, les démoniacles Calvins, imposteurs de Genève ; les enragez Putherbes, briffaux, cafards, chattemites, cannibales et autres monstres difformes et contrefaits, en despit de nature.*

Depuis cette attaque contre le chef du protestantisme, Rabelais ne compta plus d'amis avoués parmi les réformés, et ceux-ci, au contraire, le dénoncèrent aux catholiques, comme un athée digne du bûcher. Théodore de Bèze lui-même, dont l'esprit vif et satirique était bien fait cependant pour apprécier celui de l'auteur du *Pantagruel*, et qui avait d'ailleurs avec Rabelais une sorte de confraternité d'érudition grecque, n'osa jamais renouveler les éloges qu'il lui avait adressés dans ses *Juvenilia*, imprimés en 1548.

Mais, à peine le *quart livre* eut-il paru à la fin de février 1552 (1), chez Michel Fezendat, imprimeur et libraire à Paris, que la Faculté de théologie s'en saisit sur-le-champ et le censura : l'effet immédiat de cette censure fut un arrêt du Parlement portant défense de *vendre et exposer ledit livre dedans quinzaine*, et mandant à sa barre le libraire

(1) L'édition porte la date de 1552, mais on lit à la fin : *Achevé d'imprimer le 28 de janvier 1552.* Voy. la note suivante pour l'explication de cette date.

qui l'avait imprimé. Cet arrêt se trouve mentionné
ainsi, sous la date du 1er mars 1551 (1552), dans
les registres du Parlement de Paris (1) :

(1) Le Parlement ayant ordonné la suppression de
l'édition de Michel Fezendat, le 1er mars 1551 (c'est-à-
dire 1552, car l'année commençait à Pâques, et Pâques
tombait le 17 avril en 1552), et cette édition, qui porte
le millésime de 1552, étant précédée de l'Épître au cardinal de Châtillon, avec la date du 28 janvier 1552
(c'est-à-dire 1553, d'après l'ancien calendrier), il est
clair que cette apparente contradiction ne doit pas s'expliquer par une erreur de date inadmissible. On pourrait supposer que l'édition de Michel Fezendat se
trouva presque supprimée pendant un an, par arrêt
du Parlement, puis remise en vente, lorsque cet arrêt
fut levé, grâce à l'intervention du cardinal de Châtillon, à qui Rabelais aurait dédié alors son IVe livre,
en faisant imprimer l'Épître qu'il lui adressait, en tête
des exemplaires déjà fabriqués. Mais, comme on lit à
la fin du volume : *Achevé d'imprimer le 18 janvier 1552*,
et que d'ailleurs il a paru au moins quatre éditions sous
cette même date de 1552, on doit s'arrêter plutôt à une
explication toute naturelle: Rabelais avait habité Rome
où l'on faisait commencer l'année d'une manière fixe,
au premier jour de janvier ; en sa qualité d'*astrologue*,
il reconnaissait sans doute la supériorité du calendrier romain, et il s'y conformait en France, malgré
l'usage contraire. Cette supposition est plus vraisemblable et plus logique que celle de M. Peignot (*Jour-*

« Sus la remontrance et requeste faite cejour-
« d'huy à la Cour par le procureur du Roy (Gilles
« Bourdin), à ce que, pour le bien de la foy et de
« la religion, et attendu la censure faite par la Fa-
« culté de théologie contre certain mauvais livre,
« exposé en vente sous le titre de *Quatriesme livre*
« *de Pantagruel, avec privilége du Roy;* la ma-
« tière mise en délibération, et après avoir veu
« ladite censure, ladite Cour a ordonné que le li-
« braire ayant mis en impression ledit livre sera
« promptement mandé en icelle, et luy seront faites
« defences de vendre et exposer ledit livre dedans
« quinzaine; pendant lequel temps ordonne la
« Cour audit procureur du Roy d'avertir ledit sei-
« gneur Roy de la censure faite sur ledit livre par
« ladite Faculté de théologie, et luy en envoyer un
« double, pour, suyvant son bon plaisir entendu,
« estre ordonné ce que de raison. Et ledit libraire
« mandé, luy ont été faites lesdites defences, sus
« la peine de punition corporelle. »

Henri II, circonvenu par les puissants protecteurs de Rabelais, surtout par le cardinal de Châ-

nal *de la librairie*, numéro du 20 mars 1824), qui est
d'accord avec nous, sur ce seul point, que la date de
l'arrêt du 1er mars 1551 (1552) ne saurait être con-
testée, puisque cet arrêt figure sous cette date dans
les registres du Parlement.

tillon, invita sans doute le Parlement à ne pas
donner suite au procès criminel qu'il avait intenté
contre le libraire, avant de mettre en cause l'auteur lui-même. Cependant le quatrième livre du
Pantagruel était bien plus hardi que les précédents, et Rabelais, toujours en bouffonnant et en
allégorisant, il est vrai, avait attaqué, sinon ce qui
était le plus respectable, ce que du moins on res-
pectait le plus. Il raillait impitoyablement les
moines, qui *sont volontiers en cuisine;* les *chi-
quanous* ou procureurs, et leur *estrange manière
de vivre;* la *discession des ames héroicques,* ou
l'immortalité de l'âme; le carême et les jeûnes de
l'Église catholique; la cour de Rome, l'autorité du
pape lui-même, etc. La censure de la Faculté de
théologie n'avait donc eu que l'embarras du choix,
au milieu de tant de propositions hérétiques, schis-
matiques et philosophiques : le Parlement n'osa
point passer outre sans l'ordre du roi, et Rabelais
ne semble pas avoir été inquiété.

Ce fut sans doute pendant l'impression du *quart
livre* chez Michel Fezendat, que le bon curé de
Meudon, ou plutôt sa mule, causa un grand scandale, qui est raconté par l'auteur du *Moyen de Parvenir* (ch. LXVI, *Dictionnaire*), avec autant d'esprit et de gaieté, que Rabelais en aurait pu mettre
dans un pareil récit. On ne peut mieux faire
que d'emprunter ce récit à Beroalde de Verville,

qui pourrait bien avoir été, dans son facétieux recueil, le plagiaire de Rabelais lui-même : « Ne vous
souvient-il point que rencontrasmes la mule de
Rabelais? Le bonhomme ne s'en soucioit-il non
plus que de celle du pape (1) : ayant assez d'autres
bonnes affaires, il l'avoit laissée chez Fezenoat, imprimeur, et avoit prié les garçons d'y prendre
garde, pour la faire boire à ses heures, comme la
truie des carmes. Déjà, deux ou trois jours s'estoient
passés, qu'elle avoit assez bu; mais au diantre la
goutte, pource qu'elle ne bougeast de l'attache
comme un vray chien couchant. Jean du Carroy (2),
jeune verdaud, s'avisa de cette beste, et monta dessus à dos, sans la sangler; un autre le voit, qui
demanda la croupe; un tiers encore y saute; et les
voilà, ainsi que les quatre fils d'Aimon, à chevaux
sur la mule, sans selle, n'ayant que le chevestre
(que ne lui bailliez-vous votre licou?). Ainsi rele-
vée de ces suffisants personnages, la beste prit son
chemin à val la rue de Saint-Jacques : passant au-

(1) Allusion à la célèbre facétie de Rabelais, qui,
voyant son maître, le cardinal Du Bellay, ambassadeur
de France à Rome, baiser la *mule* du pape, s'écria :
« Et moi, que baiserai-je donc? »

(2) La *Bibliothèque françoise* cite seulement Valentin du Caurroy, avocat au Parlement de Paris, traduc-
teur du traité de saint Augustin, *sur l'Esprit et la
Lettre*, imprimé en 1551 chez Michel Vascosan.

près de Saint-Benoist, au lieu de s'avancer, sentant l'eau d'une lieue loin, comme vous auriez fait l'odeur d'un bon jambon ; et, s'approchant de l'église, elle reçeut une odeur débonnaire de l'eau bénite, qui, l'attirant par la conduite magnétique de sa saveur, la fit, en dépit des chevaucheurs, entrer en l'église. Il estoit dimanche, heure de sermon, où grand monde estoit convenu ; et, nonobstant ce peuple et résistance des baudouineux (1), la mule, dure de teste et oppressée d'altération, donne jusques au bénitier, où elle mit et enfonça son horrifique mufle. Le peuple, qui voit l'effronterie de ce maudit animal, qui par dépit n'engendrera jamais, pense que ce soit un spectre, portant quelques âmes jadis hérétiques, mais ores pénitentes, qui viennent chercher le doux réfrigératoire des bien-heureux (laissez-la boire!), et déjà chacun pensoit qu'il feroit quelque esmotion (laissez boire la mule !) ou autres actes merveilleux de commotion spirituelle; mais la bête fut modeste, si qu'ayant légitimement bien bu, selon sa vocation, se retira sans autre cérémonie. »

Cette plaisante aventure, qui n'a rien d'invraisemblable, nous fait supposer que Rabelais venait de Meudon à Paris, monté sur une mule, pour cor-

(2) Jeu de mots sur *bedeau*. On entendait par *baudouineux* un baudet qui couvre une jument.

riger les épreuves de son ouvrage, et qu'un jour,
par distraction, il s'en retourna à pied, sans plus
songer à sa monture.

On doit croire que la publication du *quart livre*,
et non l'impiété de la mule, le força, vers cette
époque, de se démettre d'une des deux cures qu'il
avait conservées en même temps, comme titulaire
et bénéficiaire : le 9 janvier 1553, il résigna la plus
éloignée de Paris, celle de Saint-Christophe de
Jambet, au diocèse du Mans, par l'entremise de
son procureur, Remi Doucin, prêtre de ce diocèse,
dans les mains de Jean Moreau, vicaire général du
cardinal Du Bellay, en présence de deux témoins,
Eustache de La Porte, conseiller au Parlement de
Paris, et Denis Gaillart, prêtre du diocèse d'Orléans, aumônier du cardinal de Meudon (ou de
Guise). L'acte de sa résignation volontaire fut ainsi
déposé dans les archives de l'évêché du Mans :

« Die nonâ januarii anno millesimo quingente-
simo quinquagesimo secundo, magister Remigius
Doucin, clericus Cœnomanensis diœcesis, procu-
rator et nomine procuratorio magistri Francisci
Rabelays (*sic*), parochialis ecclesiæ Sancti Christophori de Jambet, Cœnomanensis diœcesis, ad collationem domini Cœnomanensis episcopi, pleno jure
existentis, resignavit, cessit et dimisit, purè, liberè
et simpliciter hujusmodi parochialem ecclesiam
Sancti Christophori, cum suis juribus et pertinentiis

universis, in manibus domini Joannis Moreau, ecclesiæ Parisiensis canonici, vicarii generalis reverendissimi domini cardinalis Bellaii, Cœnomanensis
episcopi. Quam quidem resignationem idem domi-
nus vicarius admisit et admittere se dixit, contu-
litque pleno jure hujusmodi parochialem ecclesiam
Sancti Christophori, ut præfertur, sive etiam alio
quovis modo, seu quavis causa, seu persona vacet
magistro Claudio de Bisc, clerico Andegavensis
diœcesis, præsentibus nobili et egregio viro magistro Eustachio de La Porte, consiliario regio in
curia Parlamenti Parisiensis, et magistro Dionysio
Gaillart, presbytero, reverendissimi domini cardinalis de Meudone eleemosynario, Aurelianensis
diœcesis, testibus (1). »

Il est certain que Rabelais ne résidait pas dans
cette cure où il entretenait seulement un vicaire,
et peut-être n'y avait-il jamais paru, quoiqu'il en
touchât les revenus. Il est certain que l'évêque du
Mans, Eustache Du Bellay, en visitant les paroisses
de son diocèse, ne trouva pas Rabelais au prieuré
de Saint-Christophe de Jambet, en juin 1551, car
le prélat y fut reçu par Pierre Richard, vicaire du

(1) *Description de la ville de Paris*, par Piganiol de
la Force, édit. de l'abbé Pérau, t. IX, p. 533. D'après
l'ancien usage de commencer l'année à Pâques, il est
clair que 1552 est mis dans l'acte pour 1553.

titulaire, et par quatre autres prêtres, qui desser-
vaient la paroisse (1). On peut donc supposer que
l'évêque du Mans se plaignit de cet état de choses
à son oncle le cardinal Du Bellay, qui dut s'oppo-
ser d'abord à la révocation de Rabelais. Celui-ci
avait probablement échangé autrefois la cure de
Souday contre celle de Jambet, qu'il possédait
ainsi, sans conteste et sans embarras, depuis plus
de vingt ans; il refusa donc de résigner la cure de
Jambet, il défendit tant qu'il put un bénéfice que le
précédent évêque du Mans, René Du Bellay, n'avait
pas songé à lui enlever; mais enfin, après une
année de lutte, il fut obligé de céder et de choisir
entre ses deux cures. Il opta naturellement pour
celle de Meudon, non sans regretter ce qu'il appelait sa *jambe de Dieu* (2).

L'édition du *quart* livre était encore entravée;
les amis et les ennemis de Rabelais agissaient avec
une égale ardeur pour et contre lui. Le cardinal
Du Bellay, qui avait fait un voyage en France dans
l'espoir de ressaisir son ancien crédit, protégea

(1) *Hist. du diocèse de Paris*, par l'abbé Lebeuf,
t. VII, p. 569. C'est l'abbé Lebeuf qui a découvert ce
fait singulier dans un registre de l'évêché du Mans,
lequel se trouvait, on ne sait pourquoi, dans les archives de l'archevêché de Paris.

(2) Voy. *Pantagruel*, liv. IV, ch. L, où il dit que cette
jambe de Dieu lui faisait gagner quelques *testons*.

de son nom et de sa présence l'auteur du *Pantagruel* ; mais, étant tombé gravement malade, il
quitta la cour et se retira, pour se rétablir, dans
son délicieux château de Saint-Maur. Le cardinal
Odet de Châtillon le remplaça dans les démarches
actives que réclamait la position de Rabelais, qui
était toujours menacé d'un procès criminel. Rabelais fit entendre sa défense au roi et protesta,
comme à l'ordinaire, de son respect pour les choses saintes. Dans cette requête, que le cardinal de
Châtillon se chargea de présenter à Henri II, on
lisait : « La calomnie de certains cannibales, mi-
santhropes, agélastes, avoit tant contre moy esté
atroce et desraisonnée, qu'elle avoit vaincu ma
patience, et plus n'estois delibéré d'en escrire un
iota, car l'une des moindres contumélies dont ilz
usoient, estoit que tels livres tous estoient farcis
d'hérésies diverses. N'en pouvoient toutesfois une
seule exhiber en endroict aulcun : de folastreries
joyeuses, hors l'offense de Dieu et du roy, prou ;
c'est le sujet et mesme unique d'iceulx livres :
d'hérésies, point ; sinon, perversement, et contre
tout usage de raison et de langage commun, inter-
prétant ce que, à peine de mille fois mourir, si
autant possible estoit, ne voudrois avoir pensé ;
comme qui pain interpréteroit *pierre*; poisson,
serpent; œuf, scorpion.... Si meilleur christian
je ne m'estimois qu'ilz me montrent estre en leur

part, et que si, en ma vie, escrits, paroles, voire certes pensées, je reconnoissois scintille aulcune d'hérésie, ilz ne tumberoient tant détestablement ès lacs de l'Esperit calumniateur (c'est διαβολοσ), qui, par leur ministère, me suscite tel crime : par moy-mesme, à l'exemple du phénix, seroit le bois sec amassé et le feu allumé, pour en icelluy me brusler. »

Le cardinal de Châtillon, qui était lui-même soupçonné d'hérésie, et non sans raison, puisque bientôt après il embrassa ouvertement la Réforme et se maria en robe de cardinal, eut pourtant plein succès dans la justification de Rabelais et du quatrième livre, car, grâce à sa *bénigne faveur*, ce livre put enfin voir le jour. Rabelais le fit précéder d'une Épître dédicatoire au cardinal, dans laquelle il remerciait ce dernier de sa généreuse intervention : « Par vostre exhortation tant honorable, lui disait-il, vous m'avez donné courage et invention ; et sans vous, m'estoit le cueur failly et restoit tarie la fontaine de mes esprits animaux. » Il le suppliait d'être encore pour lui, *contre les calumniateurs, comme un second Hercule gaulois, en savoir, prudence et éloquence;* Αλεξίκακος, *en vertu, puissance et autorité.* Le libraire éditeur eut donc la permission tacite de remettre en vente et de réimprimer le *Quart livre des Faictz et dictz heroïcques du bon Pantagruel*, composé par

M. François Rabelais, docteur en medecine.
(Paris, de l'imprimerie de Michel Fezendat, 1552,
pet. in-8º de 167 feuill.) Ce quatrième livre étant
plus que les autres rempli de néologismes emprun-
tés à toutes les langues que savait l'auteur, celui-
ci y ajouta, après coup, une *Briefve déclaration
d'aulcunes dictions plus obscures contenues au
quatriesme livre,* en neuf feuillets, qui ne furent
pas joints à tous les exemplaires.

La vogue de ce quatrième livre fut telle, que
Michel Fezendat le réimprima, presque tout de
suite, *nouvellement revu et corrigé par ledit
auteur pour la deuxiesme édition* (sans lieu
d'impression, Michel Fezendat, 1552, in-8º), avec
la *Briefve déclaration.* Les éditions et les contre-
façons abondèrent par toute la France : à Rouen,
chez Robert Valentin, 1552, in-16; à Lyon, chez
Balthazar Alaman, même date et même format, etc.,
avec un extrait du Privilége du roi. Michel Fezendat réimprima aussi le *Tiers livre,* sans aucun
changement ; mais Rabelais, qui venait d'échapper
à un danger réel et pressant, ne consentit pas à
faire réimprimer les deux premiers livres, pour lesquels il n'avait pas de privilége, et qu'il ne voulait
pas corriger, comme il l'avait promis; il se sentait
peu disposé d'ailleurs à donner la suite de son
Pantagruel, qu'il avait préparée depuis longtemps, et qui surpassait tout le reste en témérité.

Il était vieux : il désirait mourir en repos et dans son lit. Il commençait à craindre le sort d'Étienne Dolet, en voyant ses anciens amis, ceux qui devaient le mieux estimer son caractère et son érudition, se détacher de lui et se réunir même à ses adversaires. Robert Étienne, réfugié à Genève auprès de Calvin, osa, dans la préface de son *Glossarium novum*, datée de 1553, reprocher aux théologiens de Paris, qui avaient été naguère ses propres persécuteurs, de n'avoir pas seulement songé à faire brûler les livres et la personne de l'athée François Rabelais (1)!

Rabelais vivait retiré dans sa cure de Meudon, et il y eût été tranquille et heureux, si Ronsard ne se fût mis en hostilité avec lui (2). Ils avaient été dans de bons rapports, lorsqu'ils se trouvaient ensemble dans la maison de Guillaume Du Bellay, seigneur de Langey, que Ronsard, comme Rabelais, avait accompagné à Turin en 1541. Mais, depuis, Ronsard ayant pris fait et cause pour Ramus, son maître et son ami, la querelle s'était envenimée entre Rabelais et lui, à l'occasion de quelques épigrammes

_____

(1) Voy. *Journal des Savants*, janvier 1841, article de M. Magnin, sur les *Annales des Estienne* de Renouard.

(2) *Elog. Rabel.*, Ire part., p. 58 et 59. *Jugements...*, par Bernier, p. 53.

de l'un contre l'autre. Ronsard, devenu poëte com-
mensal de la maison de Lorraine, habitait une petite tour du château de Meudon, et y faisait assez
maigre chère, dans l'attente des gros bénéfices
qu'on lui avait promis en récompense de ses vers.
Rabelais se moqua de la vie solitaire du poëte, logé
dans cette tour, à laquelle il avait donné son nom,
et Ronsard, qui n'osait pas s'exposer aux représailles de Rabelais, plus terribles que la *pince de
Mellin* de Saint-Gelais, qu'il redoutait tant, se
borna toujours à des attaques souterraines et détournées : il ne contribua pas peu à le faire passer
pour un goinfre et un ivrogne, qui n'avait d'autre
Dieu que son ventre.

Rabelais était pourtant fort bien accueilli au
château de Meudon, surtout par le duc et la duchesse de Guise, qu'il appelait *ses bons paroissiens*.
Il les visitait souvent et presque familièrement (1).
Il se trouvait là, lorsque Jean Le Breton, seigneur
de Villandry, ancien favori de François Ier, répondit au duc de Guise, qui lui demandait quel rôle il

(1) *Prosopographie* d'Antoine Du Verdier, t. III. Du
Verdier assure avoir vu une lettre de Rabelais, rela-
tive à M. et madame de Guise. Il a écrit cet article de
sa *Prosopographie*, pour rétracter ce qu'il avait dit de
désavantageux et d'hostile au sujet de Rabelais, dans
sa *Bibliothèque françoise*.

avait joué dans une bataille où personne ne se
souvenait de l'avoir vu combattre : « Par ma foy !
j'y ai esté (facile me sera le prouver), voire en lieu
auquel vous n'eussiez osé vous trouver ! » Le duc
de Guise rougit de colère à cette espèce de défi.
« J'estois avec le bagage, dit en riant le seigneur de
Villandry ; auquel lieu votre honneur n'eust porté
soy cacher comme je faisois (1). »

Le digne curé de Meudon s'acquittait autant que
possible des devoirs de son ministère ; il ne laissait
entrer aucune femme dans le presbytère, afin de ne
pas donner prétexte à des calomnies que son grand
âge aurait, d'ailleurs, démenties ; mais il recevait
sans cesse la visite des savants et des personnages
les plus distingués de Paris ; il s'occupait lui-même
d'orner son église ; il apprenait le plain-chant à ses
enfants de chœur, et il montrait à lire aux pauvres
gens (2). On accourait de tous les environs pour le
voir en costume de curé et pour entendre sa messe
et son sermon. Meudon devint ainsi un but de
promenade pour les Parisiens, qui y affluèrent
longtemps après la mort de Rabelais, selon ce dic-
ton proverbial qu'on répétait encore au xviie siècle :
« Allons à Meudon: nous y verrons le château, la
terrasse, les grottes, et M. le curé, l'homme du

---

(1) *Pantagruel*, liv. IV, ch. XI.
(2) *Elog. Rabel.*, Ire part., p. 59.

monde le plus revenant en figure, de la plus belle humeur, qui reçoit le mieux ses amis et tous les honnêtes gens, et du meilleur entretien (1). »

L'auteur du *Pantagruel* était généralement estimé, non-seulement à cause de ses écrits et de son érudition, mais encore à cause de son caractère. Le savant Guillaume Postel adressa une lettre au cardinal Du Bellay, pour le féliciter de s'être déclaré le protecteur de Rabelais (2). Le cardinal, en effet, tout bon catholique qu'il était, professait tant d'admiration pour le *Gargantua* et le *Pantagruel*, qu'il le nommait *le Livre* par excellence, et qu'il fit dîner à l'office un gentilhomme qui n'avait pas lu ce chef-d'œuvre de l'esprit humain. Rabelais, qui n'était point affligé des infirmités de la vieillesse, à l'exception d'un gros ventre qu'il devait à son riche appétit (3), conservait le même amour et la même ferveur pour l'étude : il possédait une bibliothèque composée de livres rares et singuliers ;

(1) *Jugements... sur les OEuvres de Rabelais*, par Bernier.

(2) *Ibid.*, p. 85.

(3) Joachim Du Bellay, dans l'épitaphe du médecin *Pamphage*, qui n'est autre que Rabelais, le représente chargé d'un ventre énorme :

>   . . . . . Vastâ cui mole gravato
> Pro tumulo venter sesquipedalis erat.

car il achetait *tous les méchants livres*, en disant
qu'*ils ne se réimprimoient point* (1) ; il avait aussi
des manuscrits (2). Il écrivit de sa main, au bas du
titre des volumes de sa bibliothèque, cette devise,
imitée de celle que le fameux bibliophile Grosier
faisait graver en or sur les siens : *Francisci Rabelæsi medici* καὶ τῶν αὐτοῦ φίλων (3). Il chargeait
de notes critiques ou explicatives les marges des

(1) *Menagiana*, édit. de 1762, t. II, p. 195.
(2) Ce fut d'après un ancien manuscrit, à lui appartenant, qu'il publia son édition des Aphorismes d'Hippocrate. Le savant helléniste M. Miller a découvert,
parmi les manuscrits de la Bibliothèque impériale,
deux manuscrits grecs qui ont appartenu à Rabelais
et qui portent sa signature.
(3) Cette devise se trouve sur l'exemplaire des Opus-
cules latins de Bembo que Grosley a donné, en 1776, à
la Faculté de Montpellier. Voy. la Notice de M. Kuhnholtz, p. 27 et 28. M. Charles Nodier se rappelait avoir
vu plusieurs volumes portant la même devise avec ou
sans le nom de Rabelais. Dans le Catalogue de la Bibliothèque de M. L*** (Libri), on trouve, sous le nº 295,
un recueil d'éditions rares de Proclus, de Théocrite,
d'Hésiode, etc., avec cette note : « Ce qui donne un prix
inestimable à ce volume, c'est qu'il porte la signature
autographe de Rabelais (*Francisci Rabelaisi Chinonensis*), qui a annoté ce livre en divers endroits et qui
y a écrit de sa main une traduction interlinéaire de la
première idylle de Théocrite. »

livres qu'il lisait; et, dans ces notes inspirées par
le texte original, il se livrait aux caprices de son
imagination et aux incertitudes de ses opinions
philosophiques. Ainsi, après s'être raillé de l'immortalité de l'âme, dans vingt endroits de son
roman, il écrivit en regard d'un passage où Galien
nie cette immortalité : *Hic verè se Galenus plumbeum esse ostendit* (1). Comment ne pas reconnaître

(1) Le cardinal du Perron avait cet exemplaire de
Galien, et il le fit voir à Henri IV, qui regardait Rabelais comme un athée. *Prosopogr.* d'Ant. Du Verdier,
t. III.

On vient de publier un catalogue de livres provenant de la bibliothèque de M. de N. (Paris, Edwin Tross,
1856, in-8°), dans lequel on annonce un volume dont
les marges sont couvertes de notes autographes de Rabelais. C'est un exemplaire du traité de Philippe Me-
lanchton *de Anima* (Parisiis, Jac. Kerver, 1540, in-8°) :
« On lit sur le titre, dit une note du catalogue : *Vita
brevis, ars longa*, et, à la fin, cette devise sceptique :
παντά γὰρ οὔπω, *omnia enim nondum*. Du Verdier,
dans sa *Prosopographie*, parle d'un Galien que possédait le cardinal du Perron, exemplaire qui, ayant appartenu à Rabelais, portait cette note de sa main : *Hic
Galenus se plumbeum esse ostendit*, à propos d'un passage où Galien niait que l'âme fût immortelle. Nous ne
retrouvons pas textuellement dans ce volume la note
citée par Du Verdier; mais il y a plusieurs notes dans
lesquelles Rabelais se prononce contre Galien en faveur

que Rabelais croyait à l'existence de Dieu, quand on lit en tête de plusieurs éditions de son roman : ἀγαθὴ τύχη σύν Θεῷ ? Il avait adopté, selon l'usage de ses contemporains, une devise qui révèle les indécisions de son caractère : *Tempore et loco prœlibatis,* devise que l'on doit compléter ainsi : *Parcendum tempori, utendum foro, serviendum scenœ.* On lui attribue une autre devise, plus obscure encore : *Noli ire, fac venire* (1).

Il mourut, dit-on, le 9 avril 1553 (2), à Paris.

de l'immortalité de l'âme : *Finitio animœ pia et recta,* dit-il dans un endroit. Ailleurs il parait très-occupé de l'*entelechie* ou *endelechie,* qui joue un si grand rôle dans son V^e livre de *Pantagruel.* »

(1) *Jugements… sur les OEuvres de Rabelais,* p. 17 et 18.

(2) Cette date n'a pas d'autre garant qu'une tradition et le témoignage de M. d'Espeisse, conseiller au Parlement de Paris, qui tenait de son père ce renseignement et qui le transmit au médecin Guy Patin (lett. du 22 juin 1660). Bernier (*Jugements…,* p. 15) nous apprend qu'on n'était pas moins partagé sur le lieu de la mort de Rabelais que sur l'époque de cette mort ; les uns prétendaient qu'il mourut à Meudon, les autres à Lyon, d'autres enfin à Chinon. « Environ l'an 1555, dit le P. de Saint-Romuald dans son *Trésor chronologique,* mourut notre François Rabelais de Chinon, curé de Meudon. Ce ne fut pas dans sa cure, comme le vulgaire a cru jusqu'à présent, mais à Paris, en une maison de

dans une maison de la rue des Jardins, et fut enterré dans le cimetière de la paroisse Saint-Paul,
au pied d'un grand arbre qui a subsisté pendant
plus d'un siècle (1).

Les derniers moments de Rabelais ont été racontés
avec des circonstances bien différentes : suivant ses
amis, il fit ce que l'on nomme une fin édifiante (2) ;
suivant ses ennemis, il prouva, par sa conduite et
ses discours bouffons en face de la mort, qu'il ne
croyait pas à une autre vie. Cette fin, moins édifiante que l'autre, en effet, serait plus analogue
au caractère de Rabelais et à l'esprit de ses ouvrages. Quand il eut reçu l'extrême-onction, il

la rue des Jardins, etc. » Antoine Le Roy recule cette
mort jusqu'en 1559. *Elog. Rabel.*, IIe part., p. 283 ; il
rapporte aussi que le curé de Meudon avait été enterré
dans le cimetière du village, selon le bruit commun du
pays.

(1) Le P. de Saint-Romuald (Pierre Guillebaud),
dans l'*Abrégé du Trésor chronologique* (t. III, p. 312),
rapporte que Rabelais mourut à Paris, « où, estant
malade, il s'estoit fait apporter de sa cure de Meudon.
Il fut inhumé au pied d'un arbre qui s'y voit encore,
comme m'a appris M. Guy Patin, docteur en médecine
et professeur du roi à Paris. »

(2) « La fin qu'il a faite, dit Antoine Du Verdier, fera
juger de lui autrement qu'on n'en parle communé-
ment. »

dit tout haut qu'on lui avait graissé ses bottes pour le grand voyage (1). Le prêtre qui l'assistait lui ayant demandé s'il croyait à la présence réelle de Jésus-Christ dans l'hostie qu'on lui présentait pour la communion, il repartit, d'un air soumis : « Je le crois, et j'en suis tout réjoui; car je crois voir mon Dieu tel qu'il était, quand il entra dans Jérusalem, triomphant et porté sur un âne. » On lui fit revêtir sa robe noire de bénédictin, au moment de l'agonie, et il eut encore la présence d'esprit d'équivoquer sur un psaume des agonisants, en faisant allusion à son froc : *Beati qui moriuntur in Domino.* Il cherchait à distraire et à consoler ses amis, qui l'entouraient tout en larmes, par des bons mots et des facéties, que l'approche de la mort n'arrêtait pas sur ses lèvres. Il voulut dicter son testament, et il distribua une multitude de legs magnifiques, auxquels la succession d'un prince aurait seule fait honneur; or, comme on lui demanda dans quelle bourse on puiserait tout ce qu'il donnait si libéralement aux uns et aux autres : « Faites comme le barbet, dit-il, cherchez ! (2) » En-

---

(1) Ce bon mot est cité par le chancelier Bacon, qui nomme Rabelais *the grand jester of France.*

(2) *Les vrais portraits et vie des hommes illustres, grecs, latins et payens, anciens et modernes,* par André Thevet. Paris, Kerver, 1584, in-fol., p. 501.

suite il écrivit de sa main déjà glacée ce burlesque testament qu'il laissa sous pli cacheté : « Je n'ai rien vaillant, je dois beaucoup ; je donne le reste aux pauvres (1). »

Puis, comme on avait introduit un page qui venait, de la part du cardinal Du Bellay ou du cardinal de Châtillon, s'informer de l'état du malade, il fit approcher ce page : « Dis à monseigneur, murmura-t-il d'une voix éteinte, en quelle galante humeur tu me vois ; je vais quérir un grand Peut-être. Il est au nid de la pie ; dis-lui qu'il s'y tienne, et pour toi, tu ne seras jamais qu'un fou. » Enfin, avant de rendre l'âme, il recueillit ses forces pour s'écrier avec un éclat de rire : « Tirez le rideau, la farce est jouée ! » Le prêtre qui l'avait confessé et administré, publia partout qu'il était mort ivre (2).

Après sa mort, on peignit son portrait au-dessus de la porte du presbytère de Meudon, et l'on y mit cette inscription que respectèrent longtemps ses successeurs :

(1) *Hist. et rech. des antiquit. de la ville de Paris*, par H. Sauval, t. I, p. 443.

(2) *Elog. Rabel.*, IIe part., p. 294, 296, 297. *Trésor chronolog.* du P. de Saint-Romuald. *Comment. in omnes Ciceronis orat.* J.-T. Freigio, lib. I. Voetius, Hensdorff, etc.

Cordiger et medicus, dein pastor et intus obivi.
Si nomen quæris, te mea scripta docent (1).

Tous les poëtes contemporains lui firent des épitaphes en vers latins et en vers français, la plupart
louant moins son génie inimitable que sa prodigieuse gaieté. Jacques Tahureau voulut immortaliser la plaisante mort qu'il avait faite :

Ce docte né, Rabelais, qui piquoit
Les plus piquans, dort sous la lame (*tombe*) icy ;
Et de ceux mesme en mourant se moquoit,
Qui dè sa mort prenoient quelque soucy.

Baïf supposa que ce caractère facétieux ne pouvait
pas même prendre de la gravité dans le tombeau :

O Pluton, Rabelais reçoy,
Afin que toy qui es le roy
De ceux qui ne rient jamais,
Tu aies un rieur désormais !

Joachim Du Bellay et Ronsard, qui gardaient un
vif ressentiment contre le curé de Meudon, en souvenir de ses railleries et de ses épigrammes, n'eurent
pas la générosité de pardonner à un ennemi mort.

(1) *Elog. Rabel.*, IIe part., p. 284. Ce distique fait
allusion à l'étymologie arabe du nom de Rabelais, laquelle signifie *maître moqueur*.

Le premier lui fit deux épitaphes sous le nom du médecin Pamphage ou Avale-tout, *Pamphagi medici*. Voici l'une qui sert, du moins, à nous faire connaître que Rabelais avait un ventre énorme :

Hoc tumulo tumulus tegitur. Miraris? at ipse
  Plus etiam audito nomine credideris.
Pamphagus hic jaceo vasta cui mole gravato
  Pro tumulo venter sesquipedalis erat.
Somnus et ingluvies, Bacchusque, Venusque, jocusque
  Numina, dum vixi sola fuere mihi.
Cætera quis nescit? Fuit ars mihi cura medendi,
  Maxima ridendi sed mihi cura fuit.
Tu quoque non lacrymas, sed risum hic solve, viator,
  Si gratus nostris manibus esse cupis.

La seconde épitaphe, où le docteur Pamphage est représenté comme un œnophile, nous apprend que Rabelais mourut hydropique :

Consulit OEnophilus vatem et sua fata requirit :
  « Est ab aquis, dixit, mors metuenda tibi. »
Ergo amnes et stagna fugit, fontesque lacusque,
  Terreturque ipsis umbribus OEnophilus.
Sed purum intrepidus noctesque diesque Falernum,
  Dum bibit et lymphas dira venena putat.
Heu! vates nimium veros! hydropicus humor,
  Non rapidus torrens, abstulit OEnophilum.

Ronsard, à son tour, invectiva le défunt dans une

épitaphe satirique qui mêle le faux et le vrai avec
une odieuse exagération : cette épitaphe représente
Rabelais sous les traits d'un buveur plus insatiable
que son Gargantua.

> Si d'un mort qui pourry repose
> Nature engendre quelque chose,
> Et si la génération
> Est faite de corruption,
> Une vigne prendra naissance
> De l'estomac et de la panse
> Du bon biberon, qui buvoit
> Tousjours, ce pendant qu'il vivoit ;
> Car, d'un seul trait, sa grande gueule
> Eust plus beu de vin toute seule,
> L'espuisant du nez en deux coups,
> Qu'un porc ne hume de lait doux ;
> Qu'Iris, de fleuves, ne qu'encore,
> De vagues, la rive du More.
>
> Jamais le sommeil ne l'a veu,
> Tant feut-il matin, qu'il n'eust beu,
> Et jamais au soir la nuit noire,
> Tant fust tard, ne l'a veu sans boire ;
> Car, altéré sans nul séjour,
> Le galant buvoit nuit et jour.
>
> Mais quand l'ardente canicule
> Ramenoit la saison qui brusle,
> Demy-nus se troussoit les bras,
> Et se couchoit tout plat à bas,

Sur la jonchée, entre les tasses
Et parmy les escuelles grasses :
Sans nulle honte se souillant,
Alloit dans le vin barbouillant,
Comme une grenouille en la fange ;
Puis, ivre, chantoit la louange
De son amy le bon Bacchus :
Comme sous luy furent vaincus
Les Thébains, et comme sa mère
Trop chaudement reçeut son père,
Qui, au lieu de faire cela,
Las ! toute vive la brusla.

Il chantoit la grande massue
Et la jument de Gargantue,
Le grand Panurge et le pays
Des Papimanes esbahis,
Leurs lois, leurs façons, leurs demeures,
Et frère Jean des Entommeures,
Et d'Epistemon les combats.

Mais la Mort, qui ne buvoit pas,
Tira le buveur de ce monde,
Et ores le fait boire en l'onde
Qui fait trouble dans le giron
Du large fleuve d'Achéron.

O toy, quiconque sois, qui passes,
Sur la fosse répans des tasses,

Répans du bril et des flacons,
Des cervelas et des jambons ;
Car, si encor dessous la lame
Quelque sentiment a son âme,
Il les aime mieux que des lys,
Tant soient-ils fraischement cueillys.

Les ouvrages que Rabelais avait laissés manuscrits passèrent dans différentes mains et ne furent
pas publiés. Il existait sans doute, de son vivant,
plusieurs copies des fragments du livre V resté
inachevé et inédit (1). Ce fut d'après une de ces
copies, très-imparfaite, qu'on publia en 1562 les
seize premiers chapitres sous ce titre : *L'Isle Sonnante, par maistre François Rabelais, qui n'a
point encore esté imprimée ne mise en lumière : en laquelle est continuée la navigation
faicte par Pantagruel, Panurge et aultres officiers.* (Imprimé nouvellement, 1562, in-8° de

(1) Je n'adopte pas la supposition de M. Brunet
(*Nouv. recherc. bibliogr.*), qui prétend que le Vᵉ livre
fut imprimé pour la première fois et intégralement
dans deux éditions de 1558, contenant les cinq livres.
Je crois plutôt que, dans ces éditions de Jean Martin,
libraire de Lyon, le Vᵉ livre a été ajouté postérieure-
ment aux exemplaires restant d'une édition des quatre
premiers livres portant la date de 1558. M. de L'Aulnaye
pense que cette date est fautive et qu'il faut lire 1568.

32 f.) Une autre copie servit, deux ans après, à donner le cinquième livre ou, du moins, presque tous les chapitres que l'auteur avait écrits ou ébauchés : *Le Cinquiesme et dernier livre des Faictz et dictz héroïcques du bon Pantagruel.* (Sans nom de lieu ni d'imprimeur, 1564, in-16.) L'éditeur de cet ouvrage posthume (on croit que c'est Jean Turquet, ami de Rabelais) y intercala, dit-on, plusieurs chapitres de son invention, tels que celui des *Apedeftes* et ceux du *Tournoi de la Quinte*, pour suppléer à des lacunes considérables, qui se trouvaient dans le travail incomplet de Rabelais (1).

La publication de ce livre, beaucoup plus téméraire que les autres et bien plus remarquable aussi, ne fut pas entravée, ce qui prouve que l'auteur avait plus d'ennemis que son ouvrage; la Faculté de théologie ne le censura pas, le Parlement ne suspendit pas la vente et ne poursuivit pas le libraire; les éditions du roman complet se multiplièrent partout, sans rencontrer d'obstacle, quoique le concile de Trente eût prohibé le *Pantagruel* et que la cour de Rome l'eût mis à l'Index.

(1) Voy., dans notre édition, les variantes du Ve livre et le chapitre inédit, tirés d'un manuscrit de la Bibliothèque impériale. On voit, dans ce manuscrit, que, suivant la pensée de Rabelais, ce cinquième livre devait avoir plus de 70 chapitres.

On essaya de contester à Rabelais ce cinquième livre, empreint de son esprit et de son style, admirable conclusion de son ouvrage ; on en fit honneur à un *écolier de Valence*, c'est-à-dire que l'on confondit la *Mythistoire baragouine de Fanfreluche et Gaudichon*, avec *l'Isle Sonnante*, Guillaume des Autels avec Rabelais ! Mais le doute n'était pas possible après la lecture du cinquième livre, qui demeura bientôt en toute propriété à son immortel auteur (1).

On peut admettre aussi sans répugnance parmi les ouvrages posthumes de Rabelais *les Songes drolatiques de Pantagruel, où sont contenues plusieurs figures de l'invention de maistre François Rabelais, et derniere œuvre d'icelluy pour la récréation des bons esprits.* (Paris, Richard Bre-

(1) Louis Guyon dit, dans ses *Diverses leçons*, liv. II, chap. 5 : « Quant au livre dernier qu'on met entre ses œuvres, qui est intitulé l'*Ile sonnante*, qui semble à bon escient blasmer et se moquer des gens officiers de l'Eglise catholique, je proteste qu'il ne l'a pas composé, car il se fit longtemps après son décès. J'estois à Paris, lorsqu'il fut fait, et sais bien qui en fut l'auteur, qui n'estoit médecin. » Antoine Du Verdier, dans sa *Prosopographie* : « Sont sortis plusieurs livres sous son nom ajoutés à ses œuvres, qui ne sont de luy, comme l'*Ile sonnante*, faite par un escolier de Valence, et autres. »

ton, 1565, in-8°.) Ce sont des portraits allégoriques, dans le genre grotesque, que l'éditeur n'a pas cherché à expliquer (1), mais qui représentent évidemment les personnages des différentes îles que visitent Pantagruel et Panurge dans leur voyage sur mer. Rabelais dessinait, comme il écrivait, entre deux vins, pour la *récréation des bons esprits.*

Rabelais mort, son *évangile,* comme il l'appelle, le *Livre,* comme l'appelait le cardinal Du Bellay, devint le bréviaire des lecteurs les plus graves et en même temps des plus frivoles : le médecin Copus et le poëte Passerat consacrèrent une partie de leur vie à le commenter et peut-être à le comprendre (2).

(1) M. Eloy Johanneau, qui, en publiant de nouveau les *Songes drolatiques,* tenta de suppléer au silence de l'éditeur de 1565, a quelquefois rencontré juste dans ses explications ; mais, en revanche, il est tombé dans des erreurs bien grossières, qui font tort à son jugement et à son érudition.

(2) Ces deux commentaires sont perdus : celui de Passerat fut jeté au feu par le jacobin qui le confessait à son lit de mort. Au reste, la plupart des interprétations historiques qu'on a faites du roman de Rabelais sont fausses, si ingénieuses qu'elles soient : par exemple, la grand'jument de Gargantua, que tous les commentateurs avaient prise pour la duchesse d'Etampes, maîtresse de François Ier, figure dans la première

Le roman de *Gargantua* et de *Pantagruel* fut plus admiré encore et plus populaire que ne l'avait été,

Chronique de *Gargantua*, qui ne renfermait à coup sûr aucune allusion historique. Cependant il est bon de connaître la prétendue *Clef* que l'on avait donnée aux allégories de ce roman ; quelques-unes de ces allégories y sont assez bien expliquées ; les autres ont été omises ou tout à fait détournées de leur véritable sens.

Alliances (île des).	La Picardie.
Amaurotes.	Les habitants de Metz.
Andouilles (île des).	La Touraine.
Antioche.	Rome.
Apedefles.	Les gens de la Chambre des Comptes.
Chats fourrés	La Tournelle criminelle.
Chesil (concile de).	Le concile de Trente.
Dipsodes.	Les Lorrains.
Entommeures (Jean des).	Le cardinal de Lorraine.
Fredons.	Les jésuites,
Gargamelle.	Marie d'Angleterre.
Gargantua.	François Ier.
Gaster.	Le ventre.
Gourmandeurs.	Les chevaliers de Malte.
Grandgousier.	Louis XII.
Her Trippa.	Henri Corneille Agrippa.
Hippotadée.	Le confesseur de François Ier.
Jument de Gargantua.	La duchesse d'Étampes.
Lanternois (assemblée des).	Le concile de Trente.
Lanterne de la Rochelle.	L'évêque de Maillezais.
Lerné.	La Bresse.
Les Gens.	L'Artois.
Lichnobiens.	Les libraires.
Limousin (écolier).	Hélisenne de Crenne.

deux siècles auparavant, le roman de *la Rose* : on
y étudia, ainsi que dans une encyclopédie, toutes

Loup-garou.	Amiens.
Macreons.	Les Anglais.
Médamothi.	La Flandre.
Oracle de la Bouteille.	La Vérité.
Panigon (saint).	La Paix.
Pantagruel.	Henri II.
Panurge.	Le cardinal d'Amboise.
Papefigues.	Les réformés.
Papimanes.	Les papistes de tous les pays.
Petault (le roi).	Henri VIII d'Angleterre.
Picrochole.	Le souverain de Piémont.
Putherbe.	Du Puy-Herbault.
Quinte Essence.	La pierre philosophale.
Raminagrobis.	Le poëte Cretin.
Révélation (la).	L'Apocalypse.
Rondibilis.	Guillaume Rondelet.
Ruach (l'île de).	Le séjour de la cour.
Sibylle de Panzoust.	Une dame de la cour.
Sonnante (île).	L'Église romaine.
Taureau de Berne.	Pontimer.
Tesmoing (Pierre).	Pierre Martyr.
Thaumaste.	Le recteur de l'Université.
Unique (l').	Le pape.
Xenomanes.	Le chancelier.

A cette *Clef*, si fautive et si incomplète, qui a été
dressée au XVIIe siècle, on pourrait joindre celle de
Le Motteux, celle de MM. Esmangart et Éloy Johán-
neau, etc., qui sont totalement différentes. Peut-être
réussira-t-on un jour à faire une autre Clef, à peu près
juste, fondée sur une connaissance plus approfondie
du milieu social où vécut Rabelais. Ainsi, à la suite de

les sciences philosophiques du xvi⁰ siècle; on y
goûta, pour ainsi dire, l'élixir de la raison humaine; car, si Rabelais a vieilli de langage, lui
qui affectait d'employer des formes de style déjà
vieilles de son temps, ses idées et ses opinions
seront éternellement jeunes, parce qu'elles sont
vraies. Rabelais, le plus grand génie de son époque,
n'a pas fait seulement ce roman si comique, si profond, si vaste, si sublime, qui survivra même à la
langue française : il a fait de plus Molière, La Fontaine, Lesage et Paul-Louis Courier.

recherches nouvelles, que nous publierons peut-être
un jour, nous avons reconnu, d'une manière positive,
que le *Gargantua* et les deux premiers livres de *Pan-*
tagruel ont besoin d'être expliqués surtout au point
de vue des allusions personnelles à l'auteur; il faut
donc rechercher, dans ces trois livres, l'histoire intime
de Rabelais lui-même; quant aux deux derniers livres,
seulement, ils se rapportent à l'histoire politique et
morale de son temps.

FIN.

www.ingramcontent.com/pod-product-compliance
Lightning Source LLC
Chambersburg PA
CBHW061012280326
41935CB00009B/931